dtv

Konstantin Wecker

Jeder Augenblick ist ewig

Die Gedichte

Deutscher Taschenbuch Verlag

Ausführliche Informationen über
unsere Autoren und Bücher
finden Sie auf unserer Website
www.dtv.de

Originalausgabe 2012
3. Auflage 2013
© 2012 Deutscher Taschenbuch Verlag GmbH & Co. KG,
München
Dieses Werk wurde vermittelt
durch die AutorInnenAgentur Erika Stegmann, Köln
Umschlagkonzept: Balk & Brumshagen
Umschlagfoto: www.thomaskarstenphotography.com
Gesetzt aus der Aldus 10/12,5˙
Satz: Greiner & Reichel, Köln
Druck und Bindung: Druckerei C. H. Beck, Nördlingen
Gedruckt auf säurefreiem, chlorfrei gebleichtem Papier
Printed in Germany · ISBN 978-3-423-14153-6

Inhalt

Vorwort
7

1963 bis 1979: Eine ganze Menge Leben
11

1980 bis 1984: Ich möchte weiterhin verwundbar sein
55

1985 bis 1989: Jetzt eine Insel finden
143

1990 bis 1999: Stürmische Zeiten, mein Schatz
183

2000 bis 2012: Wut und Zärtlichkeit
217

Quellennachweise
251

Verzeichnis der Gedichtüberschriften und -anfänge
259

Vorwort

Konstantin Wecker gehört zu den wenigen Menschen, denen die Lyrik sozusagen angeboren ist. Es kann keinen Zweifel geben, dass er bereits als (im Takt) zappelnder Säugling lyrisch nach Milch gerufen hat – das wurde ihm, zusammen mit der außergewöhnlichen Musikalität, in die Wiege gelegt. Konstantin Weckers Lyrik ist keine elitäre, keine krampfhaft erarbeitete, denn die Texte sind keine Kopfgeburten, sie sind Wecker'sches Herzblut, die Symbiose von Herz und Verstand, die Sprache seiner Seele. Das macht seine Gedichte authentisch und so glaubhaft. Konstantin Wecker ist ein lyrischer Mensch, er kann nicht anders. Egal ob ein hauchzarter Liebesgesang oder der wütende Schrei nach Gerechtigkeit: die Sprache ist stets poetisch. Poetisch zart, poetisch wild – ob er nun im Lichte steht oder durch die Finsternis wandelt. Die Gedichte von Konstantin Wecker sind geschrieben von einem wahrhaftigen Menschen für Menschen. Sie werden freigegeben von seinem Herzen, sie berühren in ihrer Zärtlichkeit und in ihrer Wut. Konstantin Wecker spricht zu den Menschen nicht von einem Sockel herab, sondern von Angesicht zu Angesicht. Was er zu sagen hat, sagen muss, wird verstanden. Daher für manchen Rezensenten ungeeignet. Einzigartigkeit kann man überheblich und weltfremd zelebrieren oder freudvoll und wohlwollend mit anderen feiern. Konstantin Wecker tut Letzteres mit unbeirrbarer Leidenschaft.

Konstantin Wecker ist ein Poet. Poet – das ist einer, der außerhalb der Wirklichkeit lebt – was auf Konstantin Wecker, den so ausgesprochen politischen Menschen, nicht zuzutreffen scheint. Doch außerhalb der Wirklichkeit leben heißt nicht, diese nicht zu erkennen. Im Gegenteil, denn von außerhalb bildet sich eine ganz andere und oft weit stimmigere Sicht dieser Wirklichkeit, die leider oft, zu oft, eine Unwirklichkeit ist, eine Heimsuchung und nicht selten Katastrophe, was Konstantin Wecker nur zu genau verinnerlicht hat.

Poet ist aber auch einer, der sich sehnt, der träumt, der trauert – alles, was Sehnsucht weckt, ist poetisch –, damit muss man, wenn von Konstantin Wecker die Rede ist, nicht nur die Sehnsucht nach der Nachtigall meinen, die es ja dank der Ausdünstungen unserer Zivilisation schon fast gar nicht mehr gibt, von den rauschenden Mühlrädern ganz zu schweigen. Man muss auch an die Sehnsucht nach einer besseren Welt denken, einer Welt der Gerechtigkeit, des Friedens, der – ja, man wagt es gar nicht mehr laut zu sagen – Humanität, der Menschlichkeit. Davon zu singen ist Konstantin Wecker nie müde geworden.

Doch Spitzwegs Poet im Dachstübchen – das darf nicht das Bild des Poeten Konstantin Wecker prägen. Konstantin Wecker ist ein zorniger Poet, ein Prophet, erinnert in manchen seiner Lieder an diese kompromisslosen Rufer in der Wüste, von denen die Bibel spricht, der Schrei Gottes – das ist nicht zu viel gesagt – kommt aus ihrer Kehle, und ich scheue diesen gewaltigen Vergleich nicht, auch wenn er pathetisch klingen mag: Wenn Konstantin Wecker seinen »Willy« oder »Sage nein« singt, dann kommt das Wort Gottes aus seiner Kehle, vielleicht nicht das Wort eines Gottes einer bestimmten Religion oder Konfession, viel eher eines ganz anderen Gottes (ich zitiere: eines Gottes, den es gibt, weil sonst die Welt gottlos wäre, eines Menschengottes der Menschlichkeit). Er ist ein Schreier, und er hat recht, wenn er schreit, aufschreit – es ist ja zum Aufschreien, wenn man die heutige Welt mit wachem Sinn betrachtet. Er ist ein Wacher – ein Wächter, wir tun gut daran, auf ihn zu hören.

Konstantin Wecker singt sich die Verzweiflung von der Seele und ist dadurch – ich habe das Vergnügen, ihn doch ganz gut zu kennen – auch noch dazu ein heiterer Mensch. Früh ist er mit Musik – klassischer – in Berührung gekommen. Sein Vater war Sänger, Tenor – Konstantin Wecker hat ihm eins seiner anrührendsten, seiner – ja eben – poetischsten Gedichte gewidmet. Ich kenne kein anderes Beispiel eines so herzlichen Bekenntnisses eines Sohnes zu seinem Vater. Die 68er-Bewegung riss Konstantin Wecker mit, wie nicht anders zu erwarten, sein politisches Engagement verließ ihn von da an nicht mehr.

Konstantin Wecker ist ein Bekenner, ein Rufer, ein – ja auch, im besten Sinn – Prediger, einer, der uns ins Gewissen redet. Und damit komme ich zum Besten, was ich von ihm sagen zu können glaube: Er ist kein Wegweiser, der stehen bleibt, nur zeigt, wo es hinzugehen hat, er geht selber mit. Er ist, und das ist der innerste Kern seines Wesens, er ist die Ehrlichkeit selbst. Was er singt und sagt, meint er ehrlich und aufrecht.

Bleib aufrecht, lieber Konstantin, du Poet der Ehrlichkeit, bleib aufrecht, was auch immer an dir rüttelt.

Herbert Rosendorfer

Eine ganze Menge Leben

1963–1979

Kaum dass ich mir bewusst war,
dein Haar zu halten
und das Licht auf deiner Haut zu fangen
und das Pflaster leuchtete wieder
schön,
wie die Mauer Schatten gab
und das Haus im Tierkreiszeichen stand,
abbrüchig,
aber mit tausend Kellern,
kaum dass ich mir bewusst war,
dass du im Licht standst
und in der Stunde,
kaum dass ich mir bewusst war –
begann ich schon
unseren leis atmenden Fluchtversuch zu bemerken.

Kinderlied

Komm mit zu den Kieseln, Kind,
wir wollen sie ins Wasser werfen,
wir wollen sie rollen lassen,
die bunten Kiesel,
Kind.

Ich will mit dir spielen
im Sand,
ich will deine Augen haben,
ich will dein Finger sein,
ich bin der Kiesel,
rund,
bunt an den Ufern, Kind,
da wollen wir spielen
und:
Komm mit zu den Kieseln,
Kind.

... Wenn ein Baum hier wäre
oder ein Blatt
oder nur der Geruch eines Baums
oder die Farbe eines Blatts,
wenn der Tau hier wäre,
der das Blatt nicht freigibt,
oder eine Nase voll Rinde
oder ein Tropfen Grün,
wenn ein Baum hier wäre
oder ein Blatt ...

Die in Bahnhöfen das Glück suchen
sind wartesaalblau,
singen Schienensang,

die in Bahnhöfen das Glück suchen,
träumen Zeitungstraum.

Und wenn sie aufstehen
von den harten Begebenheiten,
die in Bahnhöfen das Glück suchen,
gehen sie alle unter die Räder.
Noch im Liegen denken sie an Bettzeug
und erlaubten Schlaf.

Und das Wasser
hat einen Mann,
der treibt es.

Klein sitzt er
am Grund. Macht
Welle um Welle.

Die Käfer

Käfer laufen
Käfer surren
Käfer zirpen
Käfer schwirren

Käfer auf Erde
Käfer auf Tau
Käfer braungold
Käfer grünblau

Käfer schwebt
in singender Luft
Käfer krabbelt
in Blütenduft

Käfer in Rinde
vom Himmelbaum
Käfer träumt
Wurm-Traum

Käfer möchte
auf hohe Wipfel
Käfer kann nicht
kommt nie auf den Gipfel

Käfer mordet
Engerlingkind
Käfer frisst
Kind geschwind

Käfer schießt
Engerling tot
Erde wird
blutrot

Käfer bist du,
Engerling er

Krieg haut zu
Mensch ist nicht mehr

Musst
von den Pflastern
die Ritzen
meiden,
Seevogel,
sollst
meine Erde nicht
umpflügen

Bin ein Kieselschiff,
darfst mich
ich
nennen

Es stürzen die Windgesichter,
halt fest:
die Zäune sind umgefallen,
entzähmt
die kaum riechbare Haut der
Mädchen,
die untastbare Welt ihrer
Wortwahl,
wieder prangt der Galgen

und der Stimmbruch
einer Generation
lastet im Fleisch mir

Komm mit zu den feuchten Wurzeln,
satt trink dich,
nimm eine Handvoll Erde,
du,
die Steine am Fluss
schimmern rötlich,
pass auf:
ich zeichne ein Loch in die Luft,
reite fort,
reite fort,
zögere nicht,
es schwindet so rasch

Aus den Sümpfen
       sie blickte den Mohn
pflückte einer
       und die Farnmähne
viel Ungebornes
       der Moorbrüder
und die Mantelnacht
       entdeckte sie
wer weiß

Ohne zu wissen
fiel ein sehr kleiner Mond
in deine biegsame Hand
wir waren's:
unsere Wundergestalten
zauderten nicht

Der Wind
malt eine Fahne ins Wasser,
so tief
träumen die Freunde
und einen silbernen Pinsel,
hingegossen ans Ufer

schau,
der deine Hand hält,
ist dein Traumgefährte,
webt Bilder und Wunderflüche
und sein Atem ist der
schweigsame Regen der Nacht

Bohr ein Loch in den Sand,
sprich ein Wort hinein,
sei leise,
vielleicht
wächst dein kleines Vertrauen

irgendwann
groß in die Sonne

Bist ein seltner Fisch
wieder
hat sich mein Netz
in dir
verfangen

Nach abgestandnem Männerfleisch
schmeckt diese Luft,
nachts im Asyl
der Obdachlosen.

Und Bett an Bett
und Welt an Welt,
ein gleicher Atemzug,
der sich in allen wiederholt.

Einstimmig
ist der Gesang,
nachts
im Asyl der Obdachlosen.

Zellen
die Quadrate erwachsen
sehr
drüberhingleiten:
ich fehle nicht

unter den Händen
die Hornsohle,
festgeschnallt ans Haar,
zählen:
ein Tausendstel zu früh

ein Tausendstel zu spät
schon:
ich würde entarten

so
zieht sich's dahin.

Wieder dort sein
still liegen,
den Regen riechen,
rasseln lassen,
pitschnass sein,
ganz still liegen,
die Hand
weiß
in den Sand wühlen

Du aber geh in den Wind
denke an zarte Begebenheiten,
deinen Vermutungen gib dich
und abends
wenn du Hoffnung löffelst,
lass dich fortweben
mit dem Wort an der Leine

Anfang

Anfang.
Du hast lange geschwiegen,
dann,
der Schrei
(jener weltberühmte
oft zitierte Schrei),
die Bäume,
die Gesichter,
du wirst ein guter Junge genannt werden,
du wirst ein fleißiges Mädchen genannt werden,
der Pfarrer,
die Tanten
mit ihren triefenden Stirnen,
mit ihrem Gespür für das, was immer war
und wem er jedenfalls sehr ähnlich sieht,
du spürst ihren Sahnetortenatem,
du lernst,
dich vor den Menschen zu ekeln.

Anfang.
Da ist ein großer Himmel,
da sind Hund und Katze,
Vogel und Auto,
Kühlschrank und Vater
und Regen,
ein manchmal harter,
ein manchmal schmiegsamer Regen,
da sind
die Ahnen,
die Gebote,
die Verbote
die Zeigefinger,
du wirst ein widerspenstiger Junge genannt werden,
du wirst ein unmoralisches Mädchen genannt werden,
die Moralisten werden dich Hurenbock heißen,
die Nymphomaninnen werden dich Hure nennen,
du versuchst,
Wälder schön zu finden,
Zärtlichkeit vor den Verstand zu stellen,
ahnst,
der Geruch von frischer Erde ist wichtig,
dann wird es dir verschlossen,
dich zu öffnen.

Anfang.
So viele fremde Freunde
mit ihren schönen Nasen,
mit ihren weichen Mündern,
sie brauchen dich,
sie sprechen zu dir
mit ihren spitzen Nasen,

mit ihren klobigen Mündern,
tuscheln und zischen,
jetzt eine Höhle bauen,
sich schwarz färben,
Pfeil und Bogen und Asche im Gesicht
und dann los:
den Vätern in den Hintern treten,
Gedichte schreiben,
Reden halten,
tun,
du wirst ein zerstörerischer Mann genannt werden,
du wirst eine ungetreue Frau genannt werden.

Anfang.
Noch weißt du nichts
von den kleinen klebrigen Hotels,
von den Wohnküchen,
von denen,
die ihr Leben aus dem Rinnstein saufen,
von den verderblichen Lichtern
über den Eismeeren,
von den süßlichen Gerüchen in den Lazaretten,
weißt noch nichts
von den Gebeten in den Gefängnissen,
von den Briefen der Töchter an ihre
verschollenen Väter,
von all diesen Nächten und Tagen,
von alledem
weißt du noch nichts.

Ich hab geträumt

Heut hab ich geträumt, am 15.10.
beginnt der Krieg. Der Himmel ist rot.
Aus den Flüssen steigen mannsgroße Frösche
und die Ratten programmieren den Tod.

Die Bürger pressen die Aktentaschen
pflichtbewusst an die Köpfe. Die Nacht,
der Pilz und das kreischende Licht
haben mich um meinen Schlaf gebracht.

Aufstehen. Müde. Etwas verbraucht –
war das nun Prophetie?
Ein Blick aus dem Fenster: Alles wie sonst.
Passieren kann so was ja nie.

Zueignung

Geboren in zwar knappen Zeiten,
aber keine Komplikationen im
Mutterleib.
Kein Kaiserschnitt,
nichts, was den Ausgang versperrt hätte,
nichts Aufregendes, diese Geburt:
farblose Laken und eine Hebamme mit
Raucherbein.

Wär gerne am Amazonas zwischen zwei Regenzeiten
in die Welt geglitten
oder in einer Waschküche
heimlich als
Makel einer zwölfjährigen Mutter
oder in einem Luftschutzkeller
unter den Trompetensalven der Bomben –
hätte gern mehr Action gehabt bei meiner Geburt.
Versuche dies nachzuholen:
Gedichte schreiben,
endlose Triller am Klavier
zu häufiges Lächeln, wenn Mädchen den Raum betreten,
anstatt
sich einfach unter die warm und weich tropfende Sonne
                                        zu legen
und die Menschwerdung endlich einmal zu
vergessen.

Venedig

Als ob an ihren angefressnen Pfählen
die Stadt mit letzter Kraft sich stützen wollte,
so taumeln die Paläste mit den Säulen
aus feuchtem Marmor steil zum Meer. Als rollte

ein großer Donner aus dem Grund der Erde,
der diese müde Stadt zum Sinken bringt.
Als stiegen aus den Flüssen dunkle Pferde,
die alles niedertrampeln: und Venedig sinkt.

Und mit ihm sinken alle Illusionen
der großen Herrschaft einer kleinen Welt:
Galeeren, Filmfestspiele und Inquisitionen.
Das Spiel ist aus. Der Wasservorhang fällt.

Du träumst vielleicht und fährst in schwarzen Booten
noch einmal die vertanen Welten ab,
und du befreundest dich mit all den Toten,
die diese Stadt ins Meer gespien hat,

die steigen noch ein letztes Mal ins Leben
und feiern Feste, und mit festem Tritt
und dunklen Rufen lassen sie die Erde beben.
Es ist so weit: Venedig sinkt, und du sinkst mit.

Rom

Schon mit dem ersten Licht ist diese Stadt
in Leben eingetaucht und Kraft.
Die Häuser schimmern zwar noch etwas matt,
doch durch die Straßen rinnt schon all der Saft,

den Rom im Überfluss besitzt. Man spürt
das dumpfe Pochen aus den Katakomben,
wo sich der erste Christenleichnam rührt.
Sie werden alle kommen und mit Bomben

aus Glut und Hitze um sich schmeißen.
In ein paar Stunden steht die Stadt in Brand.
Die Götter stehn in Positur und gleißen
und halten bunte Dias in der Hand.

Unter dem Titusbogen weiden deutsche Schafe
und die Cäsaren lassen es geschehn.
Statt aufzuwiegeln wie einst jener Sklave,
wolln sie zerbröckeln und auf Marmor stehn.

Die grauen Päpste kauern auf St. Peter
und geifern ihren Segen auf die Stadt
und suchen Gott. Was soll's, da oben steht er
und jammert, dass man ihn vergessen hat.

Er soll sich vorsehn, dass ihn jene Pferde,
die seit Jahrtausenden die Sonne ziehn,
nicht niedertrampeln. Denn schon glüht die Erde
und alle grellen Lichter werden fliehn

und ins Inferno tauchen. Die Paläste
verlieren ihre Schatten und verstummen.
Die Zeit der Katzen kommt und die der Feste,
die greisen Dichter steigen aus den Niederungen,

und endlich kann sich Rom besaufen
die Brüste prall und voll von Wein,
Gelächter fangen an zu laufen
und schwellen an und brechen in dich ein,

und du ertrinkst und taumelst durch die Gassen,
die Häuser flattern auf, du rennst vorbei,

du willst die ganze Stadt umfassen –
Rom hat dich endlich. Nie mehr bist du frei.

Für Rainer Maria

Als der Schwan sehr majestätisch,
grenzenlos und so ästhetisch
durch noch Ungetanes schritt,
nahm ich dich zum Ufer mit.

Und dann schlang ich meine Hände
sehnsuchtsvoll um deine Lende,
während ich vom Mondlicht sprach,
gab dein Körper stückweis nach.

Du entflammtest, ich entbrannte,
und das Tier, das Unbekannte,
war sehr weiß und adlig rein
und schien tugendsam zu sein.

Und der Abend neigte sich,
unser Glück verzweigte sich,
ich fing an dir zu nesteln an,
dem Tier erschien das wundersam.

Und grade als ich an der Schwelle
meines Glücks die Weichen stelle,
fing voll Scham der dumme Schwan
grauenvoll zu singen an.

Du entrücktest, ich erzürnte
und der Schwanensänger türmte
und entschwebte ohne Schwere
schweigend ins Imaginäre.

Ich werde dich zum Abendessen essen

Ich werde dich zum Abendessen essen.
Du wirst vielleicht erstaunt sein, aber ich
will dich auf keinen Fall mit falschem Maß bemessen.
So sagt man doch: Vor lauter Liebe fress ich dich.

Ich will mein ganzes bürgerliches Denken
in diesem kannibalen Akt vereinen.
Du sollst dich mir noch einmal restlos schenken,
dann bist du frei. Ich werd dich nicht beweinen.

Wer liebt, besitzt, das darf man nicht vergessen,
und wer besitzt, hat nun mal mehr vom Leben.
Drum werd ich dich zum Abendessen essen,
dann muss ich dich dir niemals wiedergeben.

Hymne an den Frühling

Du. Es atmet sich leichter.
Der Geschmack von Kastanien pirscht sich an.
Die Mädchen huschen wieder.

Du. Selbst die Gebrauchtwagenverkäufer
glauben ganz kurz nicht mehr an ihren Beruf.
Jetzt heißt's
Zeitungen suchen zum Zudecken.

Endlich:
Hochkonjunktur der Sportwagenfahrermützenhersteller.
Die Intellektuellen
bereiten sich auf die Biergärten vor.

Du. Man kann dich beißen.
Ein paar tragen dich unterm Busen, Frühling.
Wie dumm.

Sonst alles beim Alten.
Die Schlagerproduzenten tunen ihr Hüsteln.
In den Karateschulen wird weicher getreten.
Zu Hause wartet die Unruhe.

Noch 'ne Erinnerung an Marie A.
(für B. B.)

Wir trafen uns in einem Regenbogen,
der Regen war schon lange fortgezogen,
nur noch des Bogens Bogen spannte sich
uns übers Haupt und glänzte fürchterlich.

Du warst im Blau und ich im Rot gesessen,
wir haben fast die Welt um uns vergessen,
da drücktest du dir einen Pickel aus,
der war sehr weiß und sah sehr picklig aus.

Ich will dagegen allgemein nichts sagen,
denn jeder kann mal einen Pickel haben.
Jedoch zur Zeit der höchsten Weltentrückung
verschafft derselbe seltene Verzückung.

Du pickeltest, nun gut, ich sah zu Boden,
der Regenbogen hat sich schon verzogen,
kaum war noch Blau, kaum war noch Rot zu sehn.
Nur noch der Pickel war sehr weiß und blieb bestehn!

Für Gottfried Benn

Schweigender nie. So viel durchforstet im Hirn.
Kämpfe und Frost. Und eine blutende Stirn.

Dieses verrottete Ich macht sich zum Absprung bereit,
die Zunge nach innen gerollt und von leeren Parolen
                                            befreit.

Schweigender nie. Schon viel zu viel Fremdes durchlebt.
Das lähmende »Wie« endlich ad acta gelegt.
Dann Aufsturz ins All. Die Zeit ohne Vorzeichen sehn.
Schweigender nie. Drüber und überstehn.

Zwölfzeiler eines herben und erfolgreichen Künstlers auf dem Männlichkeitstrip

Er peitscht mit seinen Schritten den Asphalt,
der ist verwundet, fast betäubt und windet sich.
Sein Atem ist aus Eisen, blank und kalt.
Er geht zum Spiegel und bezeichnet sich als fürchterlich.

Und dann befällt ihn auch ein Gruseln vor sich selbst:
Wie herrlich herrisch seine Zähne blinken.
Er richtet seine Schultern und ist Held
und macht sich auf, die rechte Faust zu zinken.

Dann sticht er in die Kneipe und sein Atem
befällt wie Eis den Raum. Man wartet ab.
Er ist bereit und lächelt sanft in Raten
und schreitet in die Männerherrlichkeit hinab.

Reinheitsgebote überall,
jedes Gramm Fleisch
wird ausgelotet,
kein Meter Film ohne
Durchleuchtung,
Waschmittel geben
Gesetze,
dem Fleisch wird sein
Duft
und der Haut wird das
Atmen verweigert,
sogar das Wort ist zum
Lasttier geworden,
seine Zuhälter befällt schon die
Fettsucht.
Sie sollen Verträge haben mit der
Metzgerinnung
betreffs der
Hirnpreise.

Stur die Straße lang

Stur die Straße lang und nichts denken,
nur: Es ist heiß heute.
Irgendjemand schüttet Licht aus.
Der Motor läuft erstaunlich ruhig.

Auf der Brücke lächeln brave Kinder.
Sie träumen davon, Handgranaten nach unten zu
                                      schleudern.
Die Tachonadel zittert ein wenig. Das ist normal.

Natürlich geht es südwärts.
Du hast deiner Frau nicht mal mehr die Meinung gesagt,
doch vor deinem Chef endlich die Hosen runtergelassen.
Schön. Am Mittag zittert die Luft
und die Felder driften nach Süden.

Es liegt viel Weg vor dir.
Deine Kinder werden weiterhin nur die Bay City Rollers
                                      lieben
und dein Anwalt wird alles mit deiner Frau regeln,
während du diesen braunen Mädchen Sand in die Augen
                                      träufelst.

Ab heute frühstückst du nur noch auf Terrassen.
Tahiti wahrscheinlich und ein Kugelbauch
und nach Schweiß riechen dürfen.
Nicht mal deinem Kantinenwirt wirst du ein Telegramm
                                      schicken.

Die Abende werden stiller und die Morgen länger sein.
Und immer wenn dein Kollege Paul sein Butterbrot
                                      auspackt,
öffnest du eine weiße Flügeltür und atmest kräftig
                                      durch.
Vor dir liegen Wiesen.
Am Horizont öffnen sie sich.

In diesen Nächten

In diesen Nächten, wo die süßen Gifte
der Einsamkeiten durch die Straßen rinnen,
vergeh ich mich so gern an mir.

Man atmet dumpfer, und man hat Gesichte,
und aus den Straßenlöchern treten schwarze Spinnen
im Dunst von Rotwein, Rotz und Gier.

Die müden Nutten lehnen an den Türen
wie faules Obst, zertretbar und verdorben.
Es klingt Musik an aus den heilen Welten.

Die Luft ist angefüllt mit Syphilisgeschwüren,
und in den Himmelbetten ist die Lust gestorben,
die viel zu viele zum Menü bestellten.

In diesen Nächten packt mich ein Verlangen,
das wie ein Feuer kommt, um all den Mist
und Wirrwarr meiner Seele zu durchwandern.
Doch ich versuche nicht, mich abzufangen,
weil es ganz sicher schon ein Verbrechen ist,
nicht so kaputt zu sein wie all die andern.

An manchen Fensterkreuzen hängen Tote,
die erst in ein, zwei Jahren sterben werden.
Unten im Rinnstein fließt das Leben ab.

Ein Heilsarmist verliest die Zehn Gebote.
Man hat es satt und legt sich hin zum Sterben.
Doch selbst zum Sterben ist die Zeit zu knapp.

Ein Volk in Agonie, und trotzdem lebt es
unter der Maske Tod, wie jene Fische,
die noch mal leuchten, kurz bevor sie enden.

Und in den letzten Zügen schwebt es
noch einmal überm Sumpf in aller Frische
und zeigt dir strahlend trotzend Stirn und Lenden.

In diesen Nächten packt mich ein Verlangen,
das wie ein Feuer kommt, um all den Mist
und Wirrwarr meiner Seele zu durchwandern.
Doch ich versuche nicht, mich abzufangen,
weil es ganz sicher schon ein Fehler ist,
nicht so kaputt zu sein wie all die andern.

Das Wort muss eine Faust sein,
kein Zeigefinger:
Zuschlagen.
Treffen.

Strömungen, Windungen, Tiefen,
das Werden beginnt zu verstehn.

Wir bezwingen die Hieroglyphen,
und trotzdem: Warum und für wen?

Kaum aus dem Nirgends gestiegen,
die Flügel noch wasserdurchweicht,
wir töten, verrecken und siegen
und haben uns niemals erreicht.

Strömungen, Windungen, Zwänge,
das Werden hat längst resigniert.
In diesem Menschheitsgedränge
ist so wenig Neues passiert.

Nur manchmal trifft uns ein Ahnen,
von außen, ganz anderswoher.
Umsonst! Den uralten Bahnen
zu trotzen wäre zu schwer.

Oft in Diskotheken oder in Kaufhäusern
sehne ich mich nach der Geborgenheit eines
                                        Wolfsrudels.
Selbst Krokodile wären sich näher,
würden sie lächeln.
Und wir?
Puffs, Parteien und Präludien.
Sonst kaum was geschafft.
Nur manchmal
so zwischen drei und vier Uhr früh
an der Pissrinne einer eher ländlichen Kneipe,

wenn der Gemeinsinn groß ist
und selbst die Prostatiker sich noch zu einem Lächeln
                                  hinreißen lassen,
ja dann,
dann kommt's schon mal vor
dass einem ein selig hingehauchtes:
»Das Leben ist doch herrlich, oder?«
entwischt.
Das wär's nun auch wieder.

Die Huren werden müde. Das ganze Revier
gleicht einem verlorenen U-Bahn-Billett.
Die Freier resignieren. Ein letztes Bier
verwässert den Traum von Liebe und Bett.

Selbst Lola, die mundlose, greise Lust,
wirft ihre Einwegbrüste zum Müll.
Wollüstig paart sich der Geier »Frust«
mit den Göttern der Straße: Koma und Tüll.

Die Huren werden müde. Ich halt's mit den Huren.
Nur noch Hunde und Bullen. Der kindische Mond
steht flennend im Abseits. Die letzten Auguren
diskutieren lateinisch, ob ihr Lächeln noch lohnt.

Was soll's! In der Kneipe treff ich sie alle.
Ein letzter Versuch, am Weltrad zu drehn,
dann nur noch Zerfall. Ich: dieser pralle
geblähte Gehirnsack; zu satt zum Bestehn.

Vorbei. Die Schenkel werden geschlossen.
Die Chancen vertan. Kein Bettzeug, kein Duft.
Ein bisschen Sperma wie Blut vergossen.
Dann nur noch Sterben. Pragmatisch. Verpufft.

Schreiben ist Schreien –
kein Flüstern mehr, Freunde.
Wer flüstert, ist schuldig,
bekennt.
Dezentes Parlando war immer schon
Feigheit,
auch das Schmecken von Weinen:
Vorzüglich, mein Herr,
Vin du Rhône 49,
ein Jeton ist gefallen
etc., etc.
Dieser schleimige stimmlose Firlefanz
Höflichkeit und das:
Verzeihen Sie bitte vielmals,
alles Schuldbekenntnisse,
sogar noch zu lasch für eine
ordentlich befreiende Paranoia.
Schweigen ist immer Ducken und Treten,
be cool, man, und deutsche Innerlichkeit,
alles derselbe Sud,
Schreiben muss Schreien sein:
Kampf und Neurose und Sturm.

Bis jetzt alles ganz gut gelaufen,
die Befunde meistens positiv.
Eben immer grade noch drum herumgekommen.
Irgendwann wird sich das ändern.
Die Rosen werden weiterhin den Damen
an die Bluse geheftet,
und der Sommer wird wie immer den Schwalben zusehen.
Nur dieser Wecker
wird nicht mehr mit der Zunge schnalzen
und sehr ratlos sein.

Ich liebe diese Hure

Ihr habt sie einfach nicht gesehn,
wenn sie so zum Vergehen schön
mit diesem leichten hohen Gang
betörend ihre Tasche schwang.

Noch Kind, doch trotzdem dieser Welt
bewusstlos in den Arsch gestellt.
Ein Nachtgewächs, doch wenn sie mag
und euch umarmt, dann wird es Tag.

Wenn sie bei mir liegt, wird mir klar,
dass jede vor ihr Irrtum war.
Wenn sie mich anspricht, fühl ich mich
auf einmal furchtbar wesentlich.

Ihr könnt es glauben oder nicht,
wenn's etwas gibt, was mich zerbricht,
dann nur, wenn sie mich fallen lässt.
Das haut mich um, gibt mir den Rest:

Ja, Freunde, ja. Ich liebe diese Hure.

In ihren Nächten ist sie Leib,
Urhöhle, Schlamm und Lüsternheit.
Zwar elfenhaft, doch ungeniert
werden die Freier ausgeschmiert.

Was stört das mich. Wenn sie mich küsst,
dann weiß ich, wer sie wirklich ist.
So nur noch Liebe, Fleisch und Blut,
was schert mich da die Freiersbrut.

Keine wie sie, keine so rein,
sie muss ein Stück von etwas sein,
das vor unendlich langer Zeit
die Lust gab und die Sterblichkeit.

Ihr könnt es glauben oder nicht,
wenn's etwas gibt, was mich zerbricht,
dann nur, wenn sie mich fallen lässt.
Das haut mich um, gibt mir den Rest.

Ja, Freunde, ja. Ich liebe diese Hure.

Bleib nicht liegen

Schon wieder wühlt sich dein Gefühl
in irgendeine Weichheit ein.
So zart umfangen, so vertraut,
das muss doch jetzt die Liebe sein.

Und feuchte Haut und plötzlich Mut.
Und alle Lust will Ewigkeit.
Du bettest dich. So liegt sich's gut.
Jetzt nur noch Frau sein und bereit.

Doch bleib nicht liegen,
denn sonst gräbt sich etwas fest in deinem Hirn,
was dir irgendwann den Mut zum Atmen nimmt.
Und auf einmal prägt dir einer dieses Zeichen auf die Stirn,
das die Wege, die du gehen willst, bestimmt.

Jetzt ist nur wichtig, dass man spürt,
das Denken hat dir Angst gemacht.
Nun eine Hand, die schmiegt und führt,
und dann den Frieden einer Nacht.

Wozu noch weiter. Kuss und Sand
und etwas Wärme sind genug.
Der Himmel schweigt. Das hat Bestand.
Und alles andre ist Betrug.

Doch bleib nicht liegen,
denn sonst gräbt sich etwas fest in deinem Hirn,
was dir irgendwann den Mut zum Atmen nimmt.

Und auf einmal prägt dir einer dieses Zeichen auf die Stirn,
das die Wege, die du gehen willst, bestimmt.

Wie schön: Die Erde wölbt sich sanft,
und dieses Bett auf dem Asphalt
ist hart, doch liegst du unverkrampft
und ausnahmsweise gut bestallt.

Kein Atem mehr. Schon welkt die Zeit.
Du fängst dir einen Körper ein.
Du lässt dich falln. Es ist so weit.
Und: Dieser Tod muss herrlich sein.

Doch bleib nicht liegen,
denn sonst gräbt sich etwas fest in deinem Hirn,
was dir irgendwann den Mut zum Atmen nimmt.
Und auf einmal prägt dir einer dieses Zeichen auf die Stirn,
das die Wege, die du gehen willst, bestimmt.

Tot geboren, aber nicht verloren

Tot geboren, aber nicht verloren.
Ausgebootet, aber noch ist Zeit.
Zwar, wir spüren blutend ihre Sporen,
doch wir sammeln uns vor ihren Toren,
denn nur uns gehört die Ewigkeit.

Aufgewachsen in den kalten Städten,
ausgespuckt, dann stimmig präpariert,
Stückwerk dessen, was wir gerne hätten,
haben wir die Freiheit parodiert.

Mensch und Werkzeug, Herrscher und Lakaien,
Neid im Preis mit inbegriffen,
Märsche, Lorbeer, Ängste: kein Verzeihen.
Uns hat die Geschichte immer ausgepfiffen.

Tot geboren, aber nicht verloren.
Ausgebootet, aber noch ist Zeit.
Zwar, wir spüren blutend ihre Sporen,
doch wir sammeln uns vor ihren Toren,
denn nur uns gehört die Ewigkeit.

Groß geworden in den kalten Städten,
allesamt auf Frieden programmiert,
Höflichkeit und Schleim und Etiketten,
dafür lebenslänglich Rente garantiert.

Hilflos stumm zum Treten angetreten,
zittern wir noch vor der letzten Nacht.
Statt Bewusstsein? Beten und Pasteten,
denn die Dummheit ist der Mantel aller Macht.

Tot geboren, aber nicht verloren.
Ausgebootet, aber noch ist Zeit.
Zwar, wir spüren blutend ihre Sporen,
doch wir sammeln uns vor ihren Toren,
denn nur uns gehört die Ewigkeit.

Eingefroren in den kalten Städten,
haben wir das Sprechen nie geübt.
Träge lehnen wir an unsren Ketten,
stammeln leise: Danke. Das genügt.

Nur aus unsern Fantasien
ist das Atmen noch nicht ganz verbannt.
Nein! Wir haben uns nicht ausgeliehen,
und der Widerstand liegt auf der Hand.

Tot geboren, aber nicht verloren.
Ausgebootet, aber noch ist Zeit.
Zwar, wir spüren blutend ihre Sporen,
doch wir sammeln uns vor ihren Toren,
denn nur uns gehört die Ewigkeit.

Eine ganze Menge leben

Ab und zu morgens in italienischen Kneipen hocken,
Wirklichkeiten an sich vorbeiziehen lassen
und den Mädchen auf den Po blicken:
Wie unwirklich ist das alles.

Draußen nur Himmel und Land.
Der Pizzabäcker schlägt ein Rad.
Jetzt kurz den Atem anhalten. Schmecken. Riechen.
Und: Ich will noch eine ganze Menge leben.

Draußen stehen Pinien. (Sie könnten lächeln.)
Zwischen zwei Espressos schminkt sich der Mittag.
Er steht nackt in seiner Garderobe und scherzt.
Jetzt aufstehen. Die Arme ausbreiten.

Dann tritt *sie* aus den Wäldern. Zuversichtlich.
Und eine Flasche Rotwein im Arm.
Die Hügel ebnen sich. Wir erreichen eine große Stadt.
Der Abend wird eingetrunken.

Sie erzählt von ihrem Land. Wir singen.
Die Kellner heben die Fäuste.
Avanti o popolo und ancora un bicchiere di vino rosso.
Wir sind zuversichtlich.

Über die Zärtlichkeit

Ich würde so gern etwas Zärtliches
schreiben.
Kaum Fühlbares,
etwas,
das man gerade noch spüren kann.
Wie man den Blick eines lieben Menschen
auf der Haut spürt.
Dank,
auch wenn er nur gedacht ist,
auch wenn er nur ganz kurz
und im Vorübergehn gedacht ist.

Schlichtheit
(schlichte Menschen vergrößern einen Raum,
wenn sie durch die Tür treten).
Kinder spürt man,
auch die leisen Kinder,
bei denen man das Gefühl hat,
man müsste den Mund halten,
denn die wissen schon lange alles.
Herzlichkeit,
vor allem Herzlichkeit
(ich kenne Menschen,
die dich mit einer Selbstverständlichkeit
in ihre Herzen aufnehmen,
dass dir schwindlig wird).
Von alldem würde ich so gerne
schreiben.

Was man sich merken muss

Hinterausgänge, am besten überwachsene, uneinsichtige,
solche, die man direkt vom Keller aus erreichen kann
(wobei hier der romantische Aspekt weniger zu
                                        berücksichtigen ist
als der zweckmäßige der schnellen Flucht).

Gute Freunde, unkontrollierte und noch nicht registrierte,
die im Parterre wohnen und eines ihrer Fenster immer
                                        angelehnt lassen.

Ferner: dass dieses berühmte Knacksen in der
                              Telefonleitung
immer seltener auf eine normale Störung
                                 zurückzuführen ist.

Dass bestimmte Gespräche mit guten Bekannten in
                              Kneipen
am besten leise oder noch besser nicht in Kneipen
oder höchstens in ganz bestimmten Kneipen geführt
                                    werden sollten.

Flussläufe und Parks sind weniger zu beachten,
dagegen wäre es gut, einen exakten Plan
der städtischen Kanalisation mit sich zu führen.

Auch sollte man sich merken,
dass heftiges Pochen an der Tür
meistens nicht den Besuch
gut gelaunter Freunde verkündet.

Doch was man sich vor allem merken muss:
Irgendwann hat es keinen Sinn mehr,
sich zu verstecken.
Dann:
Kein Ticket nach Übersee,
sondern hierbleiben.
Brüllen.
Widerstehn.

Das Stöhnen meines Mitmenschen im Klo nebenan

Vorher über Kapitalmärkte gesprochen,
mit allem geschmückt,
was man in seiner Situation
benötigt,
unter anderem dieser schwungvolle
Südafrikagang,
dieses Miniimperialistenlächeln,
selbst in den Ellenbogenspitzen
noch als Senatorklassemensch
erkennbar.
Und jetzt hockt er auf dem
Airportscheißhaus,
kaum eine Armlänge entfernt von mir,
unüberriechbar,
und stöhnt.
Ich kann leider seine Anstrengungen nicht
sehen,
diesem Akt der nackten Menschlichkeit
vornehme Würde zu verleihen –
umsonst.
Er stöhnt nicht anders als einer dieser
stinkenden Nigger,
die er so gerne zum Arschauswischen
abkommandieren würde,
nur eben ängstlicher, hilfloser.
Ich denke,
das ist der Punkt, wo man sie
kriegen müsste:

Beim Scheißen.
Knöpfchen drücken.
Runterspülen.
Fertig.

Deutscher Herbst

Da liegt was in der Luft.
Die Liebenden treibt's noch einmal in die Parks,
und die Gärtner schlafen mit einem Lächeln auf
          den Lippen ein.
Selbst die eisernen Lungen pulsieren beherzter,
und meine Mutter spielt wieder mit dem
          Gedanken,
endlich ein Transvestit zu werden.
Da liegt doch was in der Luft.
Die Prokuristinnen schweben zum Fenster und
          schnuppern.
Ihre Schreibmaschinen duften nach Lilien.
(Jetzt müssten all diese schmalhüftigen, wippenden
          Männer eintreten, das Glied
          gehalftert, zum Abzug bereit.)
Die Prokuristinnen schließen die Augen.
Da muss doch was in der Luft liegen.
O – dieses Ausatmen der Sonne!
Spitzbübische Staatssekretäre basteln am Grundgesetz.
Ihre Hände sind schlank und konturiert.
Unter den Brücken dampft das Leben.

Ich lieg auf irgendeinem wuscheligen Bauch und träume
              davon, John Wayne zu kastrieren.
Da tut sich was in der Luft.
Der Mond ist endlich schwul geworden und stakst mit
              Netzstrümpfen durch einen violetten
              Spiralnebel.
In den schwarzen Kammern der Gefängnisse stapeln sich
              die Tränen.
Die Strafverteidiger träumen vom freien Leben der
              Konditoren,
und die Eliteeinheiten sind seit Neuem päpstlicherseits
              autorisiert,
im Bedarfsfall die Letzte Ölung vorzunehmen.
Da liegt was in der Luft.
Licht und das graziöse Sinken der Blätter und noch ein
              Fetzen
Wärme auf der Haut,
Und am Horizont zeichnen sich braun die Umrisse
einer großen, starken und tödlichen Hand ab.

Angst vorm Fliegen

Immer in diesen blödsinnigen Flugzeugen
– und natürlich denkt man daran,
wie schnell das wohl geht, wenn man
runterfällt, und was die andern dann denken
und ob man die Kälte spürt und das Fehlen der Luft
im Hirn –

immer in diesen idiotischen Flugzeugen
sitzt ein Rudel Versicherungsvertreter
hinter mir oder neben mir
oder über mir oder unter mir
und kann den Schnabel nicht halten.

Und dann geht's über Schulungen und Kurse und
                                  Superprämien
und Aufstieg und Fall der
Columbia oder Eurania oder der
Spitzbergischen Internationalen,
manchmal wird auch noch eine Kundin
zwischen zwei Unterschriften gewaltig hergenommen,
und ich denke mir dann immer in diesen
blödsinnigen, idiotischen Flugzeugen,

warum die nicht einfach alle in der Luft bleiben,
zwischen ein paar träge Wölkchen verpflanzt,
und denen was vorsabbern.

Aber sie steigen aus,
zweibeinig wie richtige Menschen,
schütteln Hände,
klopfen auf Schultern,
grabschen nach Ärschen
und ihre grünen Krawatten flattern im Wind,
und dann mischen sie sich ins Leben
und mischen mit.

Und nachts, wenn die Versicherungsvertreter
von Bonus und Burgunder träumen,
leiden sich immer ein paar dieser anderen durch die
                                  Parks,

werden von Bahnhöfen gejagt,
stinken aus dem Mund
und knabbern am Leben.

Unversichert, ängstlich und scheu.

Immer in diesen Flugzeugen
Boeing, DC10 oder Airbus oder auch in einer
dieser wackligen, kleinen Maschinen
beschließe ich,
wieder mal kräftig aus dem Mund zu
stinken.

Ich möchte weiterhin verwundbar sein

1980–1984

Der Baum singt

Ich bin ein Baum.
Ich bin auf einem Hügel geboren.
Mich schützen keine Wälder.
Ich steh allein.

Männer mit Beilen bestimmen die Gegend.
Doch wir Bäume sind nie verloren.
Unter der Erde
unsere Wurzeln berühren sich leis.

Ich bin ein Baum.
Wende mich lieber zur Sonne hin.
Liebende lehnen sich an mich an,
wenn sie hilflos sind.

Ich wechsle die Farbe, den Namen, die Form,
aber nie den Sinn.
Und hab eine kräftige Stimme gegen den Wind.

Man muss den Flüssen trauen

I

In manchen Sommern, sehr von Reinheit überflutet,
vielleicht noch eine Nachricht: Ihr geht's gut
und sie hat Sehnsucht, und sie hat geblutet
und du ertrinkst in dieser weichen Flut

von Glücken. Luft und Sinne stimmen.
Jedoch so ganz von unten her
beginnt das alles etwas zu gerinnen
und wird auf einmal schwer und ungefähr.

Du raffst dich auf. Noch klebt das an den Beinen.
Noch tanzen dir Sirenen um die Stirn.
Doch plötzlich packt es dich: Du musst verneinen.
Und dich, bevor du aufgibst, neu verwirrn.

II

Man muss den Flüssen trauen. Sie verschwenden
sich jeden Zentimeter neu. Und Zeit
und Dummheit kann das Fließen nie beenden.
Und auch die Wolken sind zu neuem Flug bereit

und sterben nie. Ich will nach oben,
wo mich das Unfassbare härter streift.
Es ist ganz klug, die Götter erst zu loben,
bevor man sie sich endlich greift.

Liebes Leben

Liebes Leben, fang mich ein,
halt mich an die Erde.
Kann doch, was ich bin, nur sein,
wenn ich es auch werde.

Gib mir Tränen, gib mir Mut
und von allem mehr.
Mach mich böse oder gut,
nur nie ungefähr.

Liebes Leben, abgemacht?
Darfst mir nicht verfliegen.
Hab noch so viel Mitternacht
sprachlos vor mir liegen.

Und dann

Wo ich im Wort nicht weiterkann:
gedrängte Stunden. Nächtelang
nur Innenwelt. Und dann?

Oft, unter einem Baum zu sitzen
ist mehr Bestimmung als der Drang,
sich Formen aus der Brust zu schnitzen.

Da werden Skizzen manchmal Bilder,
die übersetzen in die Zeit
und stimmen milder.

Uraltes fällt mir wieder ein
und aufgehoben in der Ewigkeit,
lass ich mich sein.

(1980)

Über die Dichter

Ich halt mich lieber weiter an die Dichter,
weiß von ihrem Vertrag mit den Göttern
und stell mich ungeduldig
hinten an.

Sie sind nun mal ganz gut angesehen da oben,
haben Kredit,
führen andere Gespräche,
stürzen tiefer.

Manchmal glaub ich,
die spazieren da draußen in Wäldern rum und werfen
sich die Worte zu.

Immer wieder leg ich dann meinen
Verstand in den Schoß,

es wird sehr still in mir
und atemlos.

Irgendwann
werden sie mir schon auch ein paar
rüberschicken.

Worte

Manche Worte, jahrelang
vage Hieroglyphen,
tragen einem plötzlich an,
sich zu überprüfen.

Werden sichtbar in Gedichten,
die sonst nie berührten,
oder springen aus Geschichten
einer Illustrierten.

Viele wollen diesen Fund
nicht mal registrieren.
Schimpfen plötzlich ihren Hund,
kriegen's an den Nieren.

Doch das legt sich. Mit der Zeit
wird man gerne tauber,
dient der Unzulänglichkeit
und bleibt fortan sauber.

Und die Worte streichen aus,
was in ihnen ruhte.
Steigen über uns hinaus,
heim ins Absolute.

Manchen gelingt es

Manchen gelingt es,
sich so zu entfalten,
dass sie sich immer
die Unschuld erhalten.

Die warten im Schatten,
um besser zu sehen,
können ohne Applaus
der Angst widerstehen.

Die schreiben nie Lieder.
Die sind Melodie.
So aufrecht zu gehen
lerne ich nie.

Brich auf, Geliebte

Brich auf, Geliebte,
nimm mich mit.
Heut Nacht

hat sich auf einmal
unsre Liebe
aufgemacht.

Die Schiffe vollgetankt.
Kein Hafen lockt
mit Seelenruh,

brich auf
und schließe, Sturm,
uns nie die Augen zu.

Brich auf, Geliebte.
Endlich öffnet sich –

Nimm weiter dich
und liebe mich.

Beim Aufwachen zu sprechen

Jetzt wär's so weit. Jetzt die Haare föhnen
und dann irgendwas verkaufen. Oder Plakate
an Mauern kleben. Irgendwo freundlich
»Guten Morgen« sagen. Jemandem zulächeln.
An Dienstagabend denken. Wo sie lieber
mit dem Taxi nach Hause fuhr. Wo sie weinte.
Wo sie sehr schön war.

Doch, jetzt wär's so weit. Jetzt ging das Leben weiter.
Jetzt müsste man einen Eimer Wasser aus dem Brunnen
ziehen und mit dem Pfarrer plaudern. Ein sonniges
Plätzchen suchen vorm Haus. An Montagabend denken.
Wie sie sehr ausgelassen war.

Und es ist gar nicht eintönig, dass der Winter immer
                                            wieder
über die Stadt herfällt. Man kann sich einen roten
                                            Skianzug
schenken lassen. Den Hunden die Pfoten reinigen.
Man kann geduldig auf den Sommer warten.
Einen Amateurfunker heiraten.

Jedenfalls wär's jetzt so weit. Manche schreiben ein
                                            Buch
über den Freitod und nehmen sich dann wirklich das
Leben. Manche sperren sich dreißig Tage in einen
Schlangenkäfig. Einige mieten eine Zweitwohnung,
                                            um mal
richtig ausschlafen zu können. Andere vergessen immer

wieder den Campingkocher. Tränen und Streit am
Gardasee.

Nur, so weit darf's einfach nie kommen. Ich will jetzt
                                                                          lieber
erst mal Erich Fromm besuchen. Sogar in der Schweiz.
Oder das Oktoberfest vorverlegen, weil
nun mal dummerweise grad Mai ist.
Nur keine Kriegsberichte im Moment.
Keine Statements.
Zuhören und fliegen.

Wenn's ein starker Tag wird:
Kraft saugen.
Es gibt noch so viele Lieder zu singen
jenseits der Sprache.
Ich werde zum See runtergehen
und den Sommer herbeidichten.
Es wird sich was ereignen mit mir.

Warum sie geht

Und das Häuschen steht ganz malerisch am Waldrand,
und den Garten schmückt ein Blumenbeet,
da ist ein Hund und eine Schaukel,
da blüht der Flieder (wenn es Mai ist),
und er versteht es einfach nicht,
warum sie geht.

Er hat doch immerhin die ganze Zeit geschuftet,
und ihretwegen hält er jetzt sogar Diät,
und plötzlich packt sie ihre Koffer,
und unten wartet wer im Auto,
und er versteht es einfach nicht,
warum sie geht.

Na gut, er hat schon mal den Hochzeitstag vergessen
und ihr auch ab und zu mal eine eingeschenkt,
doch immerhin: Sie hat von seinem Tisch gegessen!
Und irgendwie hat sich das immer wieder eingerenkt.

Doch im Auto sind die Koffer schon gestapelt,
und auf einmal wird das alles so konkret.
Auch der Flieder denkt ans Blühen,
und wie flüchtig so ein Mai ist,
und nur dem Hund ist's scheißegal,
warum sie geht.

Und sie lächelt so ein unbekanntes Lächeln,
eins, das endlich mal für sich alleine steht,
das ihn lähmt und das ihm wehtut,
das ihn abhält, sie zu halten –
und er versteht auch jetzt noch nicht,
worum's ihr geht.

Und das Häuschen steht ganz malerisch am Waldrand,
und den Garten schmückt ein Blumenbeet,
da ist ein Hund und eine Schaukel,
da blüht der Flieder (wenn es Mai ist),
und der versteht es ganz genau,
warum sie geht.

An den Freund

Kann ich vereinzelt eine neue Regung,
ein Ungewohntes deines Wollens nicht verstehen,
dann bleibt mir nur, diese Bewegung
in mir zu suchen und mit dir zu gehen.

Denn was ich von dir weiß, ist niemals mehr,
als ich von meinem Wesen will und kenne,
und alles, was ich an dir ungefähr
oder gar falsch und unbewiesen nenne,

ist nur ein Dunkelsein in mir. Ich spüre,
wie sich dein Bild mit mir beständig formt,
nur in dem Maß, wie ich mich jeweils sehe.

Ob ich dich finde, ob ich dich verliere –
du bleibst mir nur nach dieser Form genormt:
die ich bestimme und mit der ich überstehe.

Und doch lässt etwas Kirschen blühen im April

Da hilft kein gelber Schal, kein Clubprogramm,
um sich den Federbetten zu entziehen.
Erst schaffst du dir mal eine Wahrheit an
und dann beginnst du lebenslang zu fliehen.

Investmentfonds und Palmenbuchten,
Parteibuch, Irokesenschnitt –
du ebnest dir mit Formeln Schluchten
und teilst dich wiederkäuend mit.

Nur frisch geblökt! Aus welken Eutern
zapfst du dir Illusionen ab.
In Mühlheim sind zwar zwei am Meutern
und manchen wird der Atem knapp,

doch erst mal selber ohne Falten.
Dann vielleicht Vorstand bei der Caritas.
Die Weltgeschichte hockt im Kalten
und du verschickst das Pulverfass

mit bunten Schleifchen an die Söhne.
Meistens ein Kärtchen innenbei:
Bewahrt das Gute und das Schöne.
Wünsch mir zwei Enkel. Oder drei.

Und doch lässt etwas Kirschen blühen im April
und lässt dich wieder fallen, wenn du schwebst.
Muss wachsen, werden, hält nicht still
und will dir einfach sagen, dass du lebst.

Die Weisen ziehn den Hut und danken.
Manche Poeten greifen zum Arsen.
Nur ein paar Starke sieht man schwanken
und nackt und glücklich weitergehn.

Statistisch erwiesen

Statistisch erwiesen: Wer säuft, lebt kürzer,
und Rauchen zerklüftet latent.
Auch wer gerne frisst und gewichtig wird,
verreckt zu vierzig Prozent.

Wer fremdgeht, holt sich die Syphilis,
Zirrhose den Zügellosen,
und je nach Mode ist Hodenkrebs
die Strafe für zu enge Hosen.

Wenn die Alte zu geil wird, beweist man ihr besser,
dass Samen karzinogen ist,
und wer lacht, ist verdächtig, weil lachendenfalls
der Bakterienschub zu extrem ist.

Das Reden wird irgendwann viel zu gefährlich,
verbreitet im Gaumen Geschwüre,
und doch, obwohl du dich gründlich geschützt,
steht der Tod plötzlich vor deiner Türe.

Du wimmerst: Verzeihung, das kann gar nicht sein,
rein statistisch darf ich noch leben!
Und dann werden sie dir an den großen Zeh
das größere »Pech gehabt« kleben.

Ihr Lieben, das bringt euch doch jetzt schon um!
Die Methode ist hinterlistig.
Ja, glaubt ihr denn wirklich, der Tod ist so dumm
und hält sich an die Statistik?

Die geduldig Wartenden
waren mir noch nie ganz geheuer.
Alle, die nicht irgendwann
aufspringen und brüllen:
Und ich? Wann komm jetzt endlich ich dran? –
All die milde Lächelnden,
unendlich Genügsamen
sind mir verdächtig.

Komm mit den hauptamtlich Guten
nicht so zurecht
und Missionare
sind zuerst mal nur penetrant.

Will denen allen nichts Schlechtes nachsagen,
zumal ich sicher auch selbst oft
in Bedrängnis geriete
ohne die Sozialarbeitergesinnung
mancher Mitbürger,

richtig wohl allerdings
fühl ich mich erst bei den bösen Buben,
die im Sommer die Schule schwänzen,
nur nie sich selbst,
mit Steinschleudern auf die Wirklichkeit zielen
und nicht daran denken,
bei schönem Wetter
mit Sammelbüchsen durch die Stadt zu rennen.

Das möchte ich nur mal so
vor mich hingesagt haben.

Lied / Das macht mir Mut

Und keinem ist der Arm so lang,
auch nicht der Obrigkeit,
dass mir ein ehrlicher Gesang
im Halse stecken bleibt.

Wolln mich ein paar auch stumm, zur Stund,
und mir die Luft verpesten –
ich furz mir meine eigne, und
die ist bestimmt vom Besten.

Und draußen steigt die Sonne hoch,
bei uns die Fantasie.
Jetzt auf die Straße! Lacht sie aus,
die Scheiß-Technokratie!

Das macht mir Mut.
So muss es sein.
Und wenn dir was wehtut,
dann musst du schrein.

So mancher Brave käm in Not,
würd man nicht schweigend sterben,
sondern, entgegen dem Gebot,
verrückt und lüstern werden.

Das knabbert an den Wertpapieren,
das könnt verwundbar machen.
Ach, Freunde, statt zu lamentieren,
sollten wir wieder lachen.

Und draußen steigt die Sonne hoch,
bei uns die Fantasie.
Jetzt auf die Straße! Lacht sie aus,
die Scheiß-Technokratie!

Das macht mir Mut.
So muss es sein.
Und wenn dir was wehtut,
dann musst du schrein.

Keine Zeit zum Denken

Keine Zeit zum Denken, sagt er,
fährt jeden Sommer nach Alassio
und geht in Dinkelsbühl in die Sauna.

Alles sauber.
Masseure mit Reifezeugnis und
Unbedenklichkeitsbescheinigung.

Telefonieren,
Zinssätze ausrechnen,
absolut keine Zeit zum Denken.

Und während ich ihn mir so ansehe,
schiebt sich die Milchstraße
zwischen uns.

Dem fehlt der Stachel, sag ich mir,
dem fährt kein Wind ins Gesicht.
Wo will der noch seine Hand hinstrecken?

Der putzt sich die Zähne
wahrscheinlich mit
destilliertem Wasser,

der schlägt seine Frau
nur freitags
zwischen acht und neun.

Was der wohl träumt?
Wie der wohl sterben wird?
Bäumt er sich dann noch mal auf?

Der onaniert
bestimmt nur
mit den Fingerspitzen.

Keine Zeit zum Denken,
sagt er,
und andere

schleichen sich nach Büroschluss
in die Küche,
um die Kinder nicht zu wecken,

rücken sich still
die Lampe
zurecht

und suchen in Büchern,
Gesprächen oder Gebeten,
ein bisschen was von sich mitzukriegen.

Freiheit

Etwa auf Hügeln: Toskanablick,
da springt Sie die Freiheit an.
(In Taufkirchen wirklich nicht möglich.)

Chevrolet Blazer. Rücksitzfick.
Ein Berggasthof irgendwann.
(Auch alte Mühlen sind löblich.)

Oder: Schuld sind die Preise.
Gedüngt wird mit eigener Scheiße.
(Im Bayrischen Wald, kollektiv.)

Sie rennen davon und verschwinden
und die Freiheit kann Sie nicht finden.
(Die ist nicht alternativ.)

Wer soll mich schon halten

Hab mich wieder mal aufgefangen
ohne Sprungtuch und Wort zum Sonntag.
Wer soll mich schon halten,
wenn nicht ich?

Dich fangen schöne, starke Arme,
sag ich mir oft.
Lass sie dir nicht zerbrechen.

Liebesflug

Ich will nicht bis zum Frühjahr warten,
will jetzt schon meine Reise machen
und hätt dich gern dabei.

Das sind die wirklich großen Fahrten,
die einfach, ohne aufzuwachen,
den Herbst verbinden mit dem Mai.

Nur raus, nur fort, nur kein Verschieben!
Der Winter wird jetzt aufgerieben!
Was für ein Flug.

Von allen meinen großen Lieben
ist mir nur eine treu geblieben:
der Selbstbetrug.

Die Fenster offen. Um zu fliegen,
braucht's einen schönen Rausch
und Hexerei.

Wer, bitte, soll mich jetzt noch kriegen?
Ich reit auf einem Wattebausch
die Zeit entzwei.

Schon wirft die Erde erste Falten.
Da steigt ein Abgrund hoch zum All.
Bin ich jetzt frei?

Doch, doch! Das Tempo will ich halten.
Hab auch noch beide Lungen prall.
Bist du dabei?

Jetzt seh ich Deutschland untergehen.
Werd einfach meinen Rücken drehen.
Blick oben hin.

Ob Dichter bei den Engeln stehen?
Und kann ich von da oben sehen,
ob ich noch bin?

Ach, Liebe, mach dich nicht so schwer.
Sei leicht, sei leis, fass stiller an,
wo alles ruht.

Wo hast du nur die Kräfte her?
Wenn Liebe Sterne wecken kann,
verschon mich, Glut.

Und Liebe sitzt mir auf dem Rücken,
und Liebe sitzt mir im Genick,
ich trage schwer.

So kann das Fliegen niemals glücken.
Du lieber Mund, du lieber Blick,
du drückst mich sehr.

Verdammt. Noch nicht mal Herbst.
Ich falle! Das wird ein Warten auf den Mai!
Hab's fast gewusst.

Denn diese liebevolle Kralle
reißt mittendurch den Leib entzwei
und Stirn und Brust.

Und ging davon

Und ging davon. Und ohne große Sprüche.
Und nimmt noch Hemd und Hose aus dem Schrank,
um rein zu sterben. Zettel in die Küche:
Ich glaub, es reicht. Macht's gut und vielen Dank.

So viele Jahre Menschsein können nerven.
Man kann das einfach regeln oder larmoyant.
Er hörte auf, ein Weltbild zu entwerfen,
verzichtete aufs Schluchzen und verschwand.

Und in den Wohnblockzellen stricken sie Pullover
und richten sich schon jetzt auf Winter ein.
Die Hungrigen beschweren sich beim Ober.
Die meisten graben sich in ihren Ängsten ein.

Die Starken kämpfen noch um ein paar Rechte.
Die Hoffnungsvollen spenden Trost und Brot –
und er besinnt sich auf das einzig Echte:
Geht in die Knie, empfiehlt sich und ist tot.

Lieber Gott

Lieber Gott
vor ein paar Stunden
hab ich dich einfach so angeredet.
Ich war pinkeln,
stockbesoffen und den Kopf an die Kacheln
des Pissoirs gelehnt,
kaum mehr in der Lage,
meine Männlichkeit in den Griff zu kriegen,
und da überkam mich plötzlich das Gefühl
der Ewigkeit.
Du wirst dich in diesen Fällen
nicht so auskennen,
aber du musst mir das einfach glauben,
diese Stellung hilft einem eben,
etwas von der Ewigkeit kennenzulernen.
Plötzlich hat man sein Gleichgewicht gefunden.

Hände am Hosenlatz,
ein Bein leicht angewinkelt,
und man ist so froh, nicht mehr umzufallen,
dass man das nie mehr aufgeben will.

Jedenfalls kam mir da plötzlich dieses
»Lieber Gott«
über die Lippen
und ich wunderte mich,
dass ich dich auf einmal
so liebevoll angeredet habe.
Wir beide sind uns im Laufe der Jahre
über manches klarer geworden.
Du willst mir nichts mehr vorschreiben
und ich will dir nichts mehr vormachen.
»Liebe Gott und tue, was du willst«,
diesen Augustinus hat man mir früher immer
verschwiegen.
Dafür haben sie uns ab und zu
kleine Hauchbilder in die Hand gedrückt
mit schönen Engelmännern drauf,
die gebrechliche Damen
über Brücken geleiten.
Aber wenn ich mir das mal ohne Hass
durch den Kopf gehen lasse –
so dumm kannst du gar nicht sein,
wie dich die Jahrhunderte dargestellt haben.
Von deinem Standort aus
überblickst du alles ja so viel besser –
wie sich Gesetze ändern,
wie unmenschlich menschliche Ordnungen sind,
wie sprunghaft die Schuld ist,

lieber Gott,
du kannst ja gar kein Rächer sein
und schon gar kein Moralist.
Eigentlich hast du zuerst mal
immer verdammt viel mit mir zu tun.
Und du kannst warten.
Ewigkeiten fließen durch dich hindurch
und du wartest einfach.
Schreibst keine Romane,
hörst nicht mal Gustav Mahler an,
drückst dich in der Straßenbahn nie an Mädchen,
was, Gott,
wenn ich nicht wäre?
Hab ich recht,
stirbt was an dir,
wenn ich aufgebe?
Du nimmst mich doch böse und gut,
grausam und mildtätig,
Hauptsache,
ich bleib am Ball.

Ich würde gern mal mit dir
einen Nachmittag lang durchs Universum fliegen,
aber lass mich wieder zurück.
Ich habe noch so viel zu erledigen hier unten,
bin wohl noch nicht ganz fertig.
Will im August in die Toskana,
habe noch eine Menge Musik zu machen,
muss ein paar Leuten auf die Zehen treten,
meine Leber hält auch noch einiges aus,
und lieben will ich,
lieber Gott,

lieben, bis mir das Fleisch von der Seele fällt.
Haben das deine Engel mal so gemacht?

Wahrscheinlich muss mich erst wieder
die Ewigkeit streifen
in irgendeinem Pissoir,
bis wir wieder mal miteinander plaudern.
Aber wir haben ja Zeit.
Werde bis dahin versuchen,
schön chaotisch zu bleiben,
Gesetze zu brechen
und der Macht aus dem Weg zu gehen,
das ist mir Moral genug.
Und nur unter diesem Gesichtspunkt
sollten wir's weiter miteinander
versuchen.
Will mich nicht messen mit dir.
Will auch nicht in die Knie sinken.

Drück mir die Daumen
und schäm dich nicht, vorbeizuschauen,
wenn ich traurig bin.
Das habe ich nämlich schon lange rausgekriegt:
Ihr Götter könnt nicht weinen
und müsst durch unsere Tränen stark werden.
Lass mich nicht fallen,
lieber Gott.

Vier Sonette an einen herrenlosen Hund

I

Auch dich quält manches. Auf der Hut
vor Steinen, Kälte, Kinderscherz,
bist du wie ich so voll von Blut,
nicht frei von Leiden. Nur dein Schmerz

ist momentan. Die Schüssel Fraß,
die ich dir vor die Türe legte,
entschädigte im Übermaß
und ließ vergessen. Mich bewegte

dein festes Stehn im Augenblick.
So ruhend kann ich niemals sein.
Bist du die bessre Kreatur?

Du wartest nicht auf Sinn und Glück,
hebst, wenn es dringlich ist, ein Bein
und bist dir selbst genug Kultur.

II

Wer sonst, wenn nicht die Herrenlosen,
Verachteten, Getretenen,
soll fähig sein zu neuen Losen,
zum Weiter. Nur die Ungebetenen

können die nötige Verwirrung schaffen.
Du beißt (auch scheinbar ohne Grund),
verschwendest dich (anstatt zu gaffen)
und bist ganz einfach da und Hund.

Ein Schnuppern, ein Zur-Seite-Weichen,
ein Springen, nirgendshin gerichtet,
genügt schon. Kann dich weitertreiben.

Du sprichst mit Winden und mit Teichen
und nichts hat Klang, was mehr verpflichtet
als immer Kreatur zu bleiben.

III

Oft wenn du voller Wichtigkeit
nach interessanten Spuren gehst
und fiebernd und wie aus der Zeit
dann plötzlich deine Schnauze drehst,

weil irgendein Genosse bellt
und du, zu jedem Spaß bereit
(es wird sich rausstellen, ob's gefällt)
so offen bist, so Sinnlichkeit,

dann würd ich gern für ein paar Stunden
mit in dein Hundeleben ziehen
und auch aus deinen Wurzeln trinken,

um mich ein wenig aufzurunden,
nicht um aus meiner Welt zu fliehen,
sondern um einmal restlos zu versinken.

IV

Wenn ich dich manchmal wiederseh,
zufällig beim Spazierengehen,
begrüßt du mich. Fast tut es weh,
dich nicht als *meinen* Hund zu sehen.

Auch du hast sicher dran gedacht,
mit einem Herrn nach Haus zu gehen,
treu aufzupassen in der Nacht
und folgsam deinen Hund zu stehen,

doch lass uns lieber dann und wann
beschnuppern und zusammen spielen,
nach Ungewissem Ausschau halten,

und jeder darf so, wie er kann
und nur nach seinen eignen Zielen
stehen bleiben oder sich gestalten.

Fragwürdiges
Sechs unordentliche Elegien

I

Fragwürdig wird das immer bleiben:
Heldenepen,
poetische Ballungen,
Erleuchtungen durch den Heiligen Geist,
Dichterqualen,
dann schon lieber
My Sweet Lord zum Schunkeln
oder die Kindertotenlieder als Reggae,
selbst Fausts Himmelfahrt bereinigt nicht alle Zweifel,
man steckt eben noch ganz schön tief drin.

Da muss schon was Handfestes, Bleibendes herhalten.
Bevor nicht das letzte Staubkorn
vom Tisch der Wüsten verschwindet,
wird gebohnert und gesäubert,
gebürstet und bereinigt,
und die Stubenmädchen reiten zum Sturm.

Trennungen.
Selbst vom Eiffelturm aus
lassen sich nur Einschnitte erkennen.
In den Büchereien
verkaufen sie dann Überblicke.
Wahlweise poetisch, wissenschaftlich
oder verständlich.

Von acht bis fünf
Bürovorsteher,
anschließend Familienvater,
später tot.
Keine Zusammenhänge.
Selbst gleichzeitig Gehen und Armeschlenkern
verursacht Kopfzerbrechen,
aber alles andere ist nun mal zu fragwürdig,
kann man sich nicht drauf einlassen,
müssen Sie verstehen,
Herr Kollege.

Homer hat sowieso nie gelebt,
Rimbaud war ein Bluffer,
Christus eine Erfindung,
Toller doch noch zu wenig proletarisch,
Fromm ist ein Plagiator,

Benn war Faschist,
Mozart Lakai der herrschenden Klasse,
gerade noch zwei Häuserwände
assoziativkreativ bepinseln,
aber dann gleich wieder zurück zur Blaskapelle,
Hauptsache, das Mundstück ist nicht schmutzig,
der Dirigent nicht besoffen
und beim Pinkeln leert sich ordentlich die Blase.

Ansonsten kriegen wir die Welt schon in den Griff.

II

Bitte keine Zwischenrufe jetzt,
ich bin sensibel.
Vielleicht sollte ich wirklich lieber mal
einen Hammer in die Hand nehmen,
die Ärmel hochkrempeln,
aber lassen Sie mir noch Zeit.
Noch gehör ich zu denen,
die ans Absolute ranwollen,
da bleibt oft nur das Ahnen,
das ist eine andere Dimension,
da wohnen die Dichter.

Ach so.
Sie wissen also mehr von der Wirklichkeit
und können mir auch sicher kurz umreißen,
welche Wirklichkeit Sie meinen?
Die des Cinquecento und der Inquisition
doch sicher nicht,
oder vielleicht doch wieder mal eine geozentrische?
Die albanische eventuell,
die manisch-depressive
oder eine alkoholische
Fellachenwirklichkeit oder pax orbis et mundi,
Wüstenrot oder Jesus People –
eigentlich können Sie doch nur die Ihre meinen,
wenn Ihnen meine schon nicht so recht ist?

Muss eben immer was Bleibendes herhalten,
muss man sich festhalten können,
gerichtete Welt,

genormte Welt
(Stillgestanden! Rühren! Weiterdichten!)
und die Wirklichkeiten,
geharnischt und flammenden Schwerts
im Glorienschein der Hymnen und Manifeste
ihre Rekruten adelnd,
ziehen in den Krieg.

Zwischen den Fronten
eingeschlagene Fensterscheiben und
aufgeschlitzte Bäuche,
traurige alte Damen
mit Fotoalben auf den Knien,
gerechte Welt,
bewiesene Welt,
Hauptsache, allerorten
gesundes Volksempfinden,
dieses untrügliche Empfinden,
das Schäferhunde streicheln lässt
und Juden vergasen,
objektive Welt,
wissenschaftliche Welt
und immer gefühlsbetont,
Tränen in der Metzgerei
(so was kann ich nun wirklich nicht mit ansehen),
wogende Brüste beim Anblick eines Säuglings,
wenn er nur richtig koloriert ist,
südafrikanische Wirklichkeit,
Sonthofener Wirklichkeit …

Und dann sitzt man doch immer wieder mal
an einem großen Tisch zusammen,

mit Freunden,
und neue sind dazugestoßen,
oder plötzlich wird man
in irgendeiner Imbissstube
von der Wärme gepackt,
Prosten, Saufen, Streiten,
man liebt und plant und hofft,
ach,
ganz egal wo,
immer wieder trifft man eben Menschen,
Menschen,
die sich einfach dauernd entwickeln,
vorleben,
keine Bedingungen ans Glück stellen,
selten schuldig sprechen
und sich nicht vertuschen.
Das kann sicher noch nicht alles sein,
aber es ist genug,
um weiterzuleben,
weiterzulachen
und weiterzudichten.

III

Aber wer,
rufen die Freien,
wer ist nicht frei
im freien Land?
Seht doch,
wie sie uns schützen
vor den Unfreien,

schwärmen die Freien,
seht doch,
wie die Regler das Land regeln,
untadelige Männer
mit Bürde und Ritterkreuz,
haben keine Vergangenheit,
haben nur *eine* Gegenwart,
leiden stets um die Zukunft,
einwandfreie Männer,
brüllen die Freien,
die auch schon mal sonntags eine Kanzel erklimmen,
um Gott näher zu sein.

Währenddessen
setzen Retuschen und Hüftschwünge
Maßstäbe,
legen z. B. Entfernungen fest:
In Saragossa wartet die Liebe,
in Colorado wohnt das Glück,
keimfreie Männer mit volksnahen Kehlen,
die können Sie Ihrer Tochter getrost übers Bett hängen,
gnädige Frau,
die wälzen nicht um,
die wühlen nicht auf,
die nehmen das Jungfernhäutchen noch ernst.

Seht nur,
wie sie Posters verteilen,
mit Blondschopf und Gattin, an alle Haushalte,
seht doch,
wie sie vollkommen sind,
wie sie nicht furzen bei Tisch,

wie sie in der Oper nicht schnarchen,
Politiker, Priester, Propheten,
manchmal trifft man sie
in den Hinterzimmern feiner Bordells,
im Lederkostüm,
den Hintern ausgespart,
schluchzend und wie im Gebet,
und flehen um Strafe.

Schick eine Sintflut, Herr,
in dieser Ordnung kann sich niemand mehr gestalten.

Zwischenspiel

Und schon erheben sich die Drübersteher,
deuten mit ihren glanzlosen Fingern
auf die Unvernunft
und formen ihren gemeinsamen, einsamen Mund
zu ihrem Schlachtgesang:
Lächerlich!
Lächerlich, rufen sie sich zu,
denn ihrer ist das Menschenreich,
und dann flüstern sie bestürzt:
Dialektik, mein Freund,
oder behaupten schlicht und unumstößlich:
Porsche Carrera!
Münchner Bier!
Pierre Cardin!

Manchmal,
wenn sie sehr beunruhigt sind,

vielleicht,
weil plötzlich was Lebendiges den Raum füllt,
oder einfach in ihren unvertuschbaren,
ehrlicheren Stunden,
greifen sie zu diesem
stillen Lächeln,
das den Schulmädchen so imponiert
und all denen,
die gerne unantastbar wären
und ständig fundiert.

Seht nur,
die Drübersteher,
wie sie buckeln vor politischen Begriffen,
moralischen Normen,
in Diskotheken ballen sie sich
(wohl des Redeverbots wegen)
und in Hegel-Seminaren,
Free-Jazz-Konzerten oder
anderen Geheimclubs,
deren Credo die Unverständlichkeit ist,
meistens aber und am liebsten
machen sie auf Einzelkämpfer,
suchen sich naive, freundliche Menschen,
die nicht daran denken,
das Lachen zu verraten,
lassen ein bisschen Unverdauliches ins Gespräch fallen
und versuchen,
teilnahmslos und männlich
und vor allem lächelnd
auf sich aufmerksam zu machen,
wo sie nicht mitreden können.

Alle, die aufgegeben haben,
wollen die Mutigen und Suchenden
erniedrigen.
Beenden zum Beispiel Diskussionen mit Sätzen wie:
Wir treffen uns in zehn Jahren in Monte Carlo wieder!
Oder andere:
Nach der Revolution sprechen wir uns, Freundchen!
Als ob es noch nie Steher gegeben hätte,
die sich bis zum Schluss woanders suchen
als in Börsenberichten oder Wahrheitsdrogen.

Da hör ich schon viel lieber denen zu,
die munter drauflosplappern,
sich versteigen ins Uferlose,
auch wenn sie nicht mehr zurückfinden,
solche,
die rotbäckig werden nach einer Stunde,
denen irgendwann zwangsläufig
der Bierkonsum aus der Kontrolle gerät,
Schwärmer,
die mit dem Körper reden,
Verzückte,
Besessene,
Leidenschaftliche,
die man immer wieder aufbrechen kann,
weil sie so zerbrechlich sind,
und die dann eben auch,
wenn's gar nicht mehr anders geht,
auf die Straße rennen
und den Kopf hinhalten.

IV

Nur mal so dahingefragt, Herr Nachbar,
sozusagen in den luftleeren Raum hineingefragt,
Herr Nachbar,
was, glauben Sie,
hätten wir von unserem schönen Himmel,
wenn's für Frau Meinhof keine Hölle gäb?
Ich meine,
was, glauben Sie,
entschuldigte all unsere Enthaltsamkeit,
all diese heimlichen Schweißausbrüche,
wenn sich Fräulein Ute von Stock 14
mal wieder so hemmungslos über die Akte beugt?
Also jetzt mal ganz unter uns:
Können Sie wirklich auf das Böse verzichten?

Nur mal so dahingefragt, Herr Wecker,
sozusagen neben Sie hingefragt,
was hielte Sie hoch, Wecker,
wären nicht unsere Chefideologen, Päpste
und Pomadekastraten,
da müssten Sie doch mal ganz schön umdenken,
gerichtete Welt,
gewertete Welt,
muss eben immer was Bleibendes herhalten,
abspecken, Wecker, abspecken,
den Kopf unters kalte Wasser
und endlich mal wieder
ganz von vorn ofanga!
Nur keinen Spiegel jetzt,
schaffen Sie die Fotografen fort,

es ist so schwer,
der größte lebende Dichter Deutschlands zu sein.
Darf ich Ihnen einen Blues singen?
Oder wie wär's mit einer Chopin-Etüde?
Gestehen Sie mir zu,
dass ich alle Voraussetzungen erfülle,
ein bedeutender Bodybuilder zu sein?
Verpasst.
Wenn ich ganz ehrlich bin,
können Sie mit mir nicht mal einen Bankraub
machen,
nur weil ich zu feig bin.
Was bleibt, muss mir herhalten:
Worte, Töne, Fantasien.
Bin ein Grenzgänger.
Täusche mich oft.
Aber hab eine grenzenlose Liebe zu mir.

Und das lässt mich hoffen.

V

Und bis zum Ende der Geschicke:
Tränen, Mut und Glücke.

Aufrichtigkeiten nur noch laut Katalog vorrätig,
Infantilismus ist ein Schimpfwort geworden,
und ich werde mich mit Ihnen über Christus streiten,
ob Sie's wollen oder nicht,
ich hab ihn wieder lieb gekriegt,
und das ist doch nun wirklich scheißegal,

ob er vielleicht nur mal in ein Leichentuch
                              hineingeträumt
                              wurde,
an solchen Träumen wär ich gern reicher,
Paulus zum Beispiel interessiert mich im Moment noch
                              nicht,
und unser herzlicher, angeblich schwuler
Religionslehrer Rauber
hat mir eine Menge Heilige ersetzt.

Egal, ob ich noch richtig ticke:
Tränen, Mut und Glücke.

Vielleicht ist mein penetrantes Ja zum Leben
auch schon eine Einschränkung der Freiheit,
oder ist das ein anderes Ja
als all diese wandelbaren, ungewissen –
Sprünge unter der Schädeldecke.
Abheben,
Blitze,
durchlöcherte Schleimhäute.
Meine Mutter hat ein Käppchen auf und kreischt:
Näher, mein Gott, zu dir!
Wie war das nur in ihrem Bauch?
Hätt ich nur Gerüche davon
oder Melodien
oder wenigstens Schmerzen am Bauchnabel,
meine Mutter in Schwesterntracht
und lockt:
Näher, mein Sohn, zu mir!

Auch wenn ich nicht mehr richtig ticke:
Tränen, Mut und Glücke.

Würden Sie wirklich zurückwollen?
Kieme, Feuerrad,
Blasenkatarrh eines niederen Gottes?
Der Gedanke legt mir Steine ins Blut.
Wenn man irgendwann mal sehr oben steht,
sieht man doch die Blätter
schon nicht mehr fallen,
wird das Wachsen ständig.
Wie kann ich nur fließend zum Stehen kommen
oder im Stehen fließen!
Und Weitsicht kann so trügen,
und Einblicke lähmen so oft,
und ist ein Gramm Rätsel pro Tag
nicht schon genug?
Zu viel macht süchtig, sagt man –

Dann lassen Sie mich eben süchtig sein!
Diese Gier heißt auch Leben,
und ich will nun mal nur
bewegt bewegen.
Kann auch nicht sagen, ob's immer nach vorne geht,
manche setzen sich auf Nebengleise ab,
haben für niemanden Bedeutung,
kreisen um sich,
zerplatzen,
fliegen,
aber sie fragen,
fragwürdige Welt, offene Welt, wunderbare Welt.

Da kann man doch wieder Luft holen,
da kriegt doch Mut, wer tauchen kann,
und auf ein Wort, Kollege Mensch,
gestatten Sie,
dass ich mich weiterhin verschwende.

VI

Innenschau und die Unschuld wiederfinden,
mit den Tieren sprechen und den Bäumen,
wandelbar sein, verwundbar,
und ans Weiter glauben.
Alle sind mündig,
und die Unschuld ist niemands Privileg.

Innenschau und die Liebe befreien,
ab und zu ein Goethegedicht in die Hand nehmen,
Idyllen meiden.
Ausbreiten,
mit lieben Menschen lange zu Abend essen,
wenn's geht, in Italien, Herbst oder Frühjahr,
und sich einfach mal öfters anlangen.

Innenschau und Exhibitionismus,
durchs Land ziehen, aufpassen, wiedergeben,
mehr weiß ich im Moment nicht zu tun.
Hoff auf erweiterte Ausdrucksformen,
wünsch meinen Eltern ein endlos langes Leben,
versuch meinen Schwanz endlich an mich zu gewöhnen,
bedank mich bei meinen Lieben fürs Mitmachen,
hab furchtbare Angst vorm Sterben

und will später unbedingt mal ein Engel werden.
Parteibuch hab ich keins,
und ab und zu im Winter
leg ich mich auf die Sonnenbank,
aus lauter Eitelkeit.

Elegie für Pasolini

I

Auch wenn sie dich jetzt auf ihre Fahnen malen
und mit diesem heiligen Eifer und Zorn
die Mörder jagen –
was nützt das deinem eingeschlagenen Schädel,
Paolo Pasolini?
Du warst für sie immer eine schwule Sau,
dekadent und pervers,
ein Träumer,
den Rechten zu viel Kommunist
und deiner Partei zu viel Mensch.

Du hast Genossen gesucht,
und sie haben dir dafür
dein Parteibuch zurückgegeben.
»Trotzdem bleibe ich jetzt und immer Kommunist«,
hast du geantwortet,
und kurz vor deinem Tod:
»Der Tod besteht nicht darin,

dass man sich nicht mehr mitteilen,
sondern dass man nicht mehr verstanden
werden kann.«

II

Chor:
Denn wer den Zweifel liebt,
hat schon verloren,
es kann nicht gut sein,
wenn man abweicht von der Norm.
Nur wer ein Glatzkopf ist,
bleibt ungeschoren,
und nur wer mitmarschiert,
marschiert nach vorn!

III

Glaub mir, Paolo Pasolini,
sieben Jahre nach deinem Tod
hat sich nicht viel verändert.
Die Veilchen blühen im Frühling
nach dem gleichen Prinzip,
und all die schönen,
begehrenswerten Knaben
schlagen nach wie vor
ihren Freiern
die Nasen ein.
Die Faschisten haben dieselben
Orgasmusprobleme

und warten mit geblähten Samensträngen
auf die Endlösung.
Vom ägyptischen Weihrauchhandel
bis zum konzertierten Börsenbetrug
ist's ein Atemzug,
und die babylonischen Bankiers
haben ihre Geschäfte
in die oberen Etagen der Ölgesellschaften
verlegt.
Wir bauen immer noch fleißig ihre Pyramiden,
nur,
wo sollen die später mal graben?
Hiroshima ist nur ein Vorort von Jericho –
aber ganz wird der große Endknall
eines gewissen ästhetischen Reizes
nicht entbehren:
Eine malerische Wolke Gift
senkt sich auf die Menschheit
und bettet sie in den Tod.
Heloten und Spartacus,
ein paar Demonstranten mit Stehvermögen
und blutigen Köpfen,
die Mutigen sind nicht mehr geworden,
ach,
manchmal glaube ich,
es kommen immer wieder dieselben
auf die Welt.

Und dazwischen
die traurigen Genies, die Wahnsinnigen,
die Irrationalisten, die Verstoßenen,
dieser viel zu zärtliche Ansturm gegen Profitgier

und die Prügelfaust der Wahrheiten,
kaum Veränderungen,
kaum Entwicklung,
manchmal ein Anflug von Liebe
unter den Eismeeren,
Berührungen vielleicht,
Worte und Zeichen –
mich jedenfalls kann die Weltgeschichte am Arsch
                                              lecken.

IV

Chor:
Denn wer den Zweifel liebt,
hat schon verloren,
es kann nicht gut sein,
wenn man abweicht von der Norm.
Nur wer ein Glatzkopf ist,
bleibt ungeschoren,
und nur wer mitmarschiert,
marschiert nach vorn!

V

Du überblickst jedenfalls
jetzt alles viel besser,
und ich glaube,
du kommst mit den Toten eher zurecht.
Totsein macht großmütig,
und richtig einig mit sich

wird man eben erst im Nachhinein.
Hilf mir doch ein bisschen,
reiß mir einen Augenblick den Himmel auf.

Es kann so schön sein,
an Flüssen zu sitzen,
die Beine baumeln zu lassen,
und ich stelle mir Wälder vor
und kräftige Menschen,
die so tief Luft holen,
dass ihnen schwindlig wird,
und zwischenrein:
Polizeiknüppel und Aufmärsche,
Beine und Busen,
aufgewogen und als Geschenkpaket
verschnürt,
wo soll man noch Atem holen,
wo soll man noch lieben,
haben dir deine Mörder nie ins Gesicht gesehen,
warum ist ihnen die Hand nicht verdorrt,
ich wäre doch so zärtlich gewesen zu dir,
Paolo Pasolini.

Natürlich,
sie müssen ihre Welt ja immer mit Fahnen erobern,
aber ich will von keiner Fahne abbeißen,
es heißt,
dass dieses Tuch bitter schmecke.
Sie wollten schon lange deinen Kopf,
Jochanaan,
denn wer lässt sich schon gern das Betttuch wegziehen,
wenn's draußen kälter wird?

Wachstum, Pasolini,
und die Wärme der Fernsehsessel!
Frigide Frauen und mörderische Schwänze!
Lustvolle Menschen kann man nicht besitzen,
nur was sie veräußern können,
auf was sie treten können,
das nennen sie Liebe.

»Lasst uns umkehren.
Es lebe die Armut.
Es lebe der kommunistische Kampf
für die lebensnotwendigen Dinge.«

VI

Chor:
Denn wer den Zweifel liebt,
hat schon verloren,
es kann nicht gut sein,
wenn man abweicht von der Norm.
Nur wer ein Glatzkopf ist,
bleibt ungeschoren,
und nur wer mitmarschiert,
marschiert nach vorn!

VII

Nein!
Nein!
Natürlich werde ich nicht aufgeben.

Will die Zeit noch nützen.
Wer weiß, wann's Schluss ist.

Es gibt Menschen,
denen läuft plötzlich das Gehirn aus.
Das dauert ein paar Monate.
Erst können sie sich nicht mehr konzentrieren,
dann vergessen sie, wo der Lichtschalter ist.
Und in ihren kurzen wachen Momenten
weinen sie hemmungslos.

Aber Gedanken können nicht einfach wegfließen.
Auch du hast die Erde getränkt,
und so viel Land
können nicht mal deine Mörder umpflügen,
um zu verhindern,
dass da was wächst.

Nicht für die Welt,
nicht für Gott,
nicht für das Paradies
und nicht für die Menschheit,
vielleicht nur für eine Handvoll Träumer,
keine Illusionisten,
keine Fantasten,
sondern einfache Menschen,
die plötzlich jetzt und heute sagen,
sich auf die Straße stellen
und schlicht behaupten:

Mit mir nicht, meine Herren.

Endlich wieder unten

Endlich bist du wieder unten,
wieder mitten im Geschehn.
Hast dich plötzlich losgebunden,
um als Mensch zu überstehn.

Wieder barfuß auf dem Boden,
wieder dort, wo uns die Welt,
losgelöst von Muss und Moden,
ansatzweis zusammenhält.

Und jetzt liegt da dieser Zettel
zwischen deinen Wertpapiern:
Heute nehm ich mir das Leben,
um es nie mehr zu verliern.

Kann auch ohne eure Titel
und Verträge überstehn.
Hab die Schnauze voll von Zielen,
will mich erst mal suchen gehn.

Nur die sich misstraun,
brauchen Normen zum Sein
und verteilen als Schuld,
was sie sich nicht verzeihn.

Doch wie immer sie dich
auch schuldig schrein,
nur du hast das Recht,
dein Richter zu sein.

Endlich stehst du zu den Bieren,
die man nur im Stehen trinkt,
siehst, wie glücklich ein Verlierer
ohne Kampf nach oben sinkt.

Suchst dir fünf Uhr früh am Bahnhof
einen Freund für einen Tag.
Ganz egal, was er dir gibt,
wenn er sich selbst nur etwas mag.

Und dann rinnt dir, weil du zitterst,
ein Glas Wein übers Gesicht,
fällst vom Stuhl und blickst nach oben
und entdeckst ein Stückchen Licht.

Dir verschwimmen Hirn und Sinne,
schwankst aufs Klo, schließt nicht mal zu,
überlässt dich deinem Dasein
und bist endlich wieder du.

Nur die sich misstraun,
brauchen Normen zum Sein
und verteilen als Schuld,
was sie sich nicht verzeihn.

Doch wie immer sie dich
auch schuldig schrein,
nur du hast das Recht,
dein Richter zu sein.

Manchmal weine ich sehr

Ich will nicht klagen. Das Essen ist reichlich.
Jeden Freitag gibt's Analyse.
Morgen haben wir das große Mühleturnier.
Und von Werner herzliche Grüße.

Die Ärzte sind scherzhaft, die Pfleger gepflegt,
und sie lächeln unaufhörlich.
Die Pillen sind bunt und täglich
und schmecken wirklich kein bisschen gefährlich.

Manchmal weine ich sehr. Das behalt ich für mich.
Auch dass ich mich sehne nach dir.
Vom Bett aus sehe ich den Park und dich
und die Sonne bis Viertel nach vier.

Es schneit bereits. Doch jetzt im August
ist dir sicher zu heiß, um zu schreiben.
Vielleicht nächstes Frühjahr. Ach würd mich das freuen.
Ich werd noch ein Weilchen hierbleiben.

Die junge Frau Doktor ist jetzt auch nicht mehr da,
und grad die hat noch keinen verletzt.
Die hat auch nicht immer gleich *alles* gewusst,
deshalb hat man sie wohl versetzt.

Doch das Wichtigste ist: dass Werner und ich
kaum mehr in Behandlung waren.
Wir sind bald gesund. Auch wenn Werner meint,
die wollen jetzt Strom an uns sparen.

Manchmal weine ich sehr. Das behalt ich für mich.
Auch dass ich mich sehne nach dir.
Vom Bett aus sehe ich den Park und dich
und die Sonne bis Viertel nach vier.

Es schneit bereits. Doch jetzt im August
ist dir sicher zu heiß, um zu schreiben.
Vielleicht nächstes Frühjahr. Ach würd mich das freuen.
Ich werd noch ein Weilchen hierbleiben.

Da ist der Krebs

Da ist der Krebs. Und da sind diese Tränen.
Und da er selbst. Auf einmal mittendrin.
Und er beginnt sich grenzenlos zu schämen
und macht sich auf die Suche nach dem Sinn.

Die Professoren sprechen von Symptomen.
Die meisten fühlen sich ganz einfach nur gestört.
Die liebe Mutter wollte er verschonen.
Und gute Freunde zeigen sich empört,

dass er sich nicht ins Dunkel schleichen wollte.
Und gönnen ihm selbst jetzt den Glauben nicht.
Denn erstens sind sie kerngesund und voll Revolte
und zweitens trauen sie noch keinem Licht.

Und eines Tags verlässt er Arzt und Bett,
um nicht die letzte Achtung zu verlieren.
Sucht sich ein Leben ohne Etikett
und ist bereit, sich selbst zu respektieren.

Die Professoren tragen spitze Hüte
und singen fistelnd im Philisterchor.
Ach, kämen doch das Wissen und die Güte
ein bisschen häufiger gemeinsam vor!

Und wir verdauen alle klugen Sprüche,
wenn sie fundiert und von Doktorn gesiebt.
Doch er entscheidet sich für Blicke und Gerüche
und einen Himmel, der ihn liebt.

Liedlein

Was macht der Herr Richter, wenn er Feierabend hat?
Hat er dann das Gerechtsein erstmal satt,
wird er dann eventuell mal banal
und sucht den richtigen Fernsehkanal?

Berichtet er seiner Frau, dass er statt zu richten
nur seinen Kragen gerichtet hat?
Oder hat er was, was er niemanden nennt,
und freut sich tierisch aufs Wochenend?

Denn am Sonntag, am Spielplatz, um dreiviertel zehn,
da lässt der Herr Richter sein Schwänzlein sehn.
Er braucht halt nun mal das Klein-Mädchen-Geschrei
als Ausgleich für seine Rechthaberei.

Ich glaube, das nimmt einen ganz schön mit,
wenn man täglich Sitte und Anstand vertritt.
Und hat nicht Angst vorm Jüngsten Gericht,
wer im Namen des Herrn dauernd Urteile spricht?

Ja, da kann's schon mal sein,
dass einem ganz schön schlecht ist,
wenn man tagsüber hauptberuflich im Recht ist.
Aber wenn's in der Seele so richtig brennt,
dann denkt der Herr Richter ans Wochenend:

Denn am Sonntag, am Spielplatz, um dreiviertel zehn,
da läßt der Richter sein hm ... hm ... sehn.
Ach hätt er das alles nur früher getrieben,
dann wär uns ein Richter erspart geblieben.

Uns ist kein Einzelnes bestimmt

Neun Elegien

*Geschrieben in der Nacht vom 27. zum
28. Dezember 1980 in Lupinari – Toskana*

*»Und wir: Zuschauer, immer, überall,
dem allen zugewandt und nie hinaus!
Uns überfüllts. Wir ordnens. Es zerfällt.
Wir ordnens wieder und zerfallen selbst.«*

*Rainer Maria Rilke
Achte Duineser Elegie*

Die erste Elegie

Anstatt sie zu betreten,
treten wir die Welt.
Wie eine Silbe doch entscheidend scheiden kann!
Wie erst ein Wort!

Als wir noch schliefen,
warn die Wörter schon gemacht,
und alles, was wir heute niedrig sehen,
war immer groß genug,
uns aufzunehmen ins Geschehen.

Wie sich die Luft noch niemals wünschte,
Mensch zu sein,
sieht alles, was sich selbstlos gibt
sanft lächelnd auf uns nieder.

Ach würden wir an solcher Größe uns gestalten,
die es ertragen kann,
von uns geschändet und zerstört zu werden.

Uns birst die Lunge,
wir vergehn vor Schmerz und Wut,
wenn wir die letzten Bäume fällen.

Und wie bedauert uns das Tier!
Mit welchem warmen Mitleid
wacht die Erde über uns,
wenn wir sie quälen.

Armselig sind die Herrschenden,
denn sie genügen sich nicht selbst.
Und was wir uns auch immer neu zu schaffen glauben,
verkleinert nur, was längst geschaffen war.

Die Welt hält stand.
Selbst wenn wir sie in Stücke jagen –
wir gehen nur an dem zu Grund,
was wir verstehn.

Nichts ist erklärbar.
Nur im Unsichtbaren
lernen wir zu sehen.

Die zweite Elegie

Kein Gift ist böse.
Wären wir der Gifte Übermaß gewachsen,
sie würden uns die Welt zu Füßen legen.

Allen Pflanzen entwächst ein Ungeheueres.
Sind sie nicht selbst schon ungeheuer?
Allein ihr Dasein wär es wert,
sie anzubeten wie ein Wunder.

Warum nur
wehren wir uns so
dem Wundervollen eins zu sein?

Vermummte Welt,
die sich allein den Liebenden kurz öffnet.
Preiszugeben ist sie nicht.
Denn Glaube ist nicht käuflich
und selbst die geduldigen Engel
werden's müde,
sich mit geborgten Flügeln zu maskiern.

Was rettet wohl die Richter,
wer befreit sie
aus ihrer versteinten Wirklichkeit?
Wie kann sich einer jemals selbst verzeihen,
der nie verzieh?
Schuld bleibt nur denen,
die sie anderswo verteilen.
Der Menschen Anderssein

ist höchstens lehrreich.
Nie Entschuldigung für sich.

Mir scheint,
selbst die Weisen sind müde geworden,
halten sich zurück.
Wie sollten sie mit ihren zarten Gipfeln
unsren Waffen auch noch widerstehn?

Die dritte Elegie

Doch immer wieder
lässt es sich gut leiden und gut feiern
und wechseln
mit dem nie steten Licht.

Stillere Nächte,
tiefere Räusche,
meine Seele übt sich schon ein bisschen
im Fliegen.
Bald muss sie weit hinaustreten.
Ob sie zurückkehrt oder nicht:
Ich lebe und danke.

Stiller nähern sich die Ideen.
Leiser fordert die Kunst.
Zu oft vergeudet man Gedanken
an Neues und Form.
Ich bin die Form
und es bleibt keine Zeit mehr
zu beschreiben.

Dichtung ist Abglanz von anderswo
und strömt als Gleiches durch ungleiche Herzen.
Warten und redlich bemühn:
Mehr bedarf's nicht.

Hier ist kein Platz
für Schmähung und Pamphlet –
Gedichte sind wahrhaftigere Wesen.
Wollen niemals verletzen.

Schon immer war verstanden werden leichter
als verstehen.
Uns scheint der Sonne Schein
oft größer als ihr Sein.

Die vierte Elegie

Hilfreich glaubt sich die Menschheit.
Sie winkt von ihren Podesten
alle Verdammten hoch
in die bessre Vernunft.

Aber wer ist schon verdammt,
und wer der Hilfe bedarf,
will nicht nach oben betteln.

Fragt dich dein Hund,
wenn du leidest,

ob du aus eignem Verschulden
in deinen Tränen erstickst?

Traurig schleicht er um dich
immer sorgsam bedacht,
dich nicht zu stören
und dir die Wunden zu lecken.

Wie aber freut er sich,
ohne Lob zu erheischen,
wenn du gesundest!

Doch wenn du stirbst,
stirbt er schweigend mit dir
und sicher legt er drüben
ein gutes Wort für dich ein.

Die fünfte Elegie

Schließlich verschwinden die Bilder
und es bleiben die Dinge:
nicht mehr berührbar, beschaubar,
unschuldig werden
Worte und Mensch.

Sind wir nicht da,
uns zu erweitern?
Und in der Weite
zählt nicht mehr unser Gesicht –

wir werden angesehn,
wie wir uns niemals erblickt.

Farben lösen sich auf ins Nichts
und werden bunter
und alles wird ohne Gestalt erst
vielgestalt.

Wir nennen Höhe, was wir erklimmen,
aber wie nennt die Höhe sich selbst?
Immer sieht uns ein anderes an,
das wir anders benennen.

Werden heißt:
immer mehr von sich
und der Welt zu verlieren.

Die sechste Elegie

Einst, da waren wir schön.
Bis wir die Schönheit erfanden.
Plötzlich,
ach wüssten wir nur darum,
gab es dies: Ich
und wir beriefen die Welt.

Manchmal noch streifen uns Glück und Ideen.
Wir blicken zurück.
Noch schützt uns die Schwermut.

Doch je stärker wir werden,
verlieren wir Halt und Gestalt.

Wie nur ertrugen's die Großen,
denen dies wahrere Sein
die Adern zerriss,
wie konnten sie's nur ertragen,
dass sich ein Gott ihrer kläglichen Körper bediente,
uns zu warnen?

Einst, da waren wir schön.
Da trafen wir uns in der Mitte.
Wie quält uns die Schale!
Wie fern sind wir dem Kern!

Die siebente Elegie

Doch seht:
Die Nacht erlahmt schon,
sorgsam behütet ein Morgen die Welt
und ich will hinaustreten
und freuen.

Dass wir so schwanken – es sei!
Liebend erfasst,
trägt mich auf einmal ein fremderer Atem
über mich fort.

Nicht um die Leiden zu lindern,
wird wieder Freude.
Leben ist zwischendrin.
Vor allem: heute.

Einmal vielleicht
werden die Nächte brennen.
Übergangslos auftaut die Erde.
Gibt uns frei.

Schon scheint der Himmel
ein wenig runder
und die Wiesen
wenden sich hin.

Wer könnte sonst noch
aufrecht stehen und bestehen,
folgten nicht immer auf Weh und Klagen
Stürme voll Glück.

Dies nur kann uns nach Hause führen:
Liebe
und eines Größren Barmherzigkeit.

Die achte Elegie

Nur den aufrichtig Liebenden
wird es gelingen zu hören, zu schauen,
drüber hinaus mit den Herzen zu greifen.

Seht doch,
wie ihre Wirklichkeit fern ist
von all dem Getön und Getue,
wie wir sie neiden.

Weil sie uns fremd sind, haben wir Angst.
Schelten sie einfältig oder verblendet,
ach, weil wir alles viel besser verstehen
und in Büchern belegen,
mit Kriegen beweisen.

Aber die aufrichtig Liebenden
wandeln den Menschen voran.
Ihnen allein
muss nicht der Menschheit Blut
Wahrheit und Dasein bezeugen.
Sie allein
müssen sich nicht übersehn,
um gesehn zu werden.

Die neunte Elegie

Uns ist kein Einzelnes bestimmt.
Ein jeder ist die Menschheit,
geht mit ihr unter
oder wendet sie zum Guten hin.

Du musst dir alles geben

Du musst dir alles geben,
Dämmern und Morgenrot,
unendlich lass dich leben,
oder bleib ewig tot.

Du musst dir alles geben,
alles ist immer mehr.
Die dir dein Schicksal weben,
geizen sehr.

Die dir Großes versprechen,
versprechen sich meistens dabei.
Mach deine eigenen Zechen,
taumle dich frei.

Du musst dir alles geben,
Dämmern und Morgenrot,
unendlich lass dich leben,
oder bleib ewig tot.

Du musst dir alles geben,
keiner bringt dir dein Heil.
Alle Tage durchleben –
die Stufen sind tränensteil.

Ja, sogar alle Tage
können nie alles sein –
auch ohne Antwort:
Frage und gib dich ein!

Du musst dir alles geben,
Dämmern und Morgenrot,
unendlich lass dich leben,
oder bleib ewig tot.

Wieder eine Nacht allein

Wieder eine Nacht allein.
So viel gehofft, geträumt, vertraut,
die Augen wieder wund geschaut
nach einem Fetzen Paradies.

Wieder eine Nacht allein –
da muss doch irgendjemand sein,
der mit dir teilt, der mit dir sucht,
den so wie dich der Tag verließ.

Wieder eine Nacht allein.
Was jetzt noch läuft, ist gut bekannt,
jetzt bleibt nur noch die eigne Hand,
um etwas Zärtlichkeit zu spürn.

Wieder eine Nacht allein.
Du wirst noch zu den Huren gehen,
in einiger Entfernung stehen
und von der Unschuld fantasiern.

Und vielleicht wirst du morgen,
verlacht und verdreckt,
statt mit zärtlichen Worten
mit Tritten geweckt,
das Blut voll von Fusel,
die Augen verdreht
und doch überzeugt,
dass es weitergeht.

Wieder eine Nacht allein.
Du willst dir kein Gesicht mehr leihn,
um wie die andern stark zu sein –
nur wer sich öffnet, kann sich spürn.

Wieder eine Nacht allein.
Du weißt, kein Wunder wird geschehn,
und trotzdem, du musst weitergehn,
um nicht die Hoffnung zu verlieren.

Und vielleicht wirst du morgen,
verlacht und verdreckt,
statt mit zärtlichen Worten
mit Tritten geweckt,

das Blut voll von Fusel,
die Augen verdreht
und doch überzeugt,
dass es weitergeht.

Und das soll dann alles gewesen sein

Gerodete Dschungel, zerdachte Natur,
bald bleibt den tapfersten Bäumen
nur noch übrig, zerhackt und mit Politur
vom Blühen und Werden zu träumen.

Dann müssen wir unsere verplante Welt
mit eisernen Lungen versorgen.
Wir haben die Erde so schlecht bestellt
und betrügen noch heute das Morgen.

Doch wie wir auch strampeln und wie wir auch plärrn,
wir erreichen nur die Staffagen:
Der Staat dient den stets anonymeren Herrn
aus den obersten Etagen.

Und das soll dann alles gewesen sein –
ein Leben ganz ohne den Wind?
Versorgt und verplant und ohne Idee,
was wir wollen und wer wir sind.

Und das soll dann alles gewesen sein –
probieren, studieren, stolzieren,
um unser Versagen dann irgendwann
etwas besser zu interpretieren?

Die Lämmer halten sich Wölfe zurzeit,
die reisen in Schafpelzsachen.
Wir belächeln zwar laut ihre Lächerlichkeit,
aber üben schon heimlich ihr Lachen.

Zur Rettung verschreibt man uns Pharmaglück,
als könnt man ums Leid sich drücken.
Und wenn wir dann heillos gerettet sind,
steigt das große Geschäft mit den Krücken.

Doch wie wir auch strampeln und wie wir auch plärrn,
wir erreichen nur die Staffagen:
Der Staat dient den stets anonymeren Herrn
aus den obersten Etagen.

Und das soll dann alles gewesen sein –
ein Leben ganz ohne den Wind?
Versorgt und verplant und ohne Idee,
was wir wollen und wer wir sind.

Und das soll dann alles gewesen sein –
probieren, studieren, stolzieren,
um unser Versagen dann irgendwann
etwas besser zu interpretieren?

Und das soll dann alles gewesen sein –
Glück und Tränen verflogen?
Einsilbig alles zu Ende gedacht
und um Ewigkeiten betrogen.

Das wird eine schöne Zeit,
wenn mich Melodien
fort von hier, hin zu dir tragen.

Du hältst die Flügel bereit und machst,
dass die Kirschbäume blühn.
Unten gaffen die Wärter und klagen.

Das wird eine schöne Zeit,
wenn Krieger vor Liedern fliehn
und Waffen Gedichten erliegen.

Du hältst die Flügel bereit:
Wenn wir fallen, bleibt immer noch Zeit,
uns endlich unendlich zu lieben.

Vom Weinstock und den Reben

Dem Weinstock werden die Reben
im Herbst so furchtbar schwer,
und um zu überleben,
gibt er sie einfach wieder her.

Das mag ich so an den Bäumen:
ihr Wissen um Sterben und Sucht.
Was sie sich im Frühjahr erträumen,
verteilen sie später als Frucht.

Zueignung

So viele Fragen offen,
die alten Schriften verstaubt.
Nur der kann weiter hoffen,
der an sich selber glaubt.

Man braucht sich nicht beweisen.
Wem es genügt zu sein:
Der wird auch beim Entgleisen
ganz gut gedeihn.

Du wolltest ein Stück Himmel

Wie viel Jahre hast du schon
an die Dunkelheit verschwendet!
Für die andern gab es Tag,
doch dich hätte er geblendet.

Dieses Warten, diese Ängste,
und dann doch nur schlechter Schnee.
Der kann niemand mehr erwärmen,
der tut nur noch höllisch weh.

Und jetzt drückst du dir verzweifelt
ein Stück Vene aus der Hand.

Zwei Sekunden voller Licht,
und nichts andres hat Bestand.

Und dann fällst du. Ein paar Fremde
heben dich noch einmal auf.
Sie erkennen dein Gesicht,
und dann geben sie dich auf.

Ach, ich kann dich gut verstehen,
immer hat man dir erzählt,
dass den Menschen statt der Seele
nur Chemie zusammenhält.

Und du wolltest ein Stück Himmel
und bekamst kaum ein Stück Brot,
dafür jede Menge Sprüche.
Besser bist du heute tot.

Dabei wärst du doch so gerne
endlich eigentlich geworden.
Doch die Suche, die zur Sucht wird,
kann auch unerbittlich morden.

Meistens trifft es nur die Zarten,
wer verhärtet, scheint zu siegen.
Doch das weiß ich ganz genau:
Du bleibst auch nicht lange liegen.

Vielleicht war es nicht so schlecht,
auf diese Weise zu verschwinden:
Dort, wo du dich jetzt befindest,
kannst du dich viel besser finden.

Ach, ich kann dich gut verstehen,
immer hat man dir erzählt,
dass den Menschen statt der Seele
nur Chemie zusammenhält.

Und du wolltest ein Stück Himmel
und bekamst kaum ein Stück Brot,
dafür jede Menge Sprüche.
Besser bist du heute tot.

Manche Nächte

Schon wieder geistert's. Die Gesichter
sind mir bekannt. Ich habe Angst vor mir.
Dort dichtet einer. Und ein toter Richter
spielt Klavier.
Dort ein Erhängter. Bin das ich?
Ist das vielleicht mein Grab?
Ach Gott, wer bin ich eigentlich?
Ach, wär's nur Tag.

Manchen Nächten kann man nicht entfliehn,
und manche Räume zwingen dich zu bleiben.
Du bist allein mit deinen Fantasien
und fürchtest dich und kannst sie nicht vertreiben.

Das sind die großen Nächte. Halte fest
die Stunden, die dich so gefährden,

wo dir die Seele sagen lässt:
Du musst ein andrer werden.

Jetzt über Hügel wandern, und es könnte regnen,
ein trüber Himmel hinderte mich nicht.
Jetzt Rosen oder einem Feigenbaum begegnen
und einem freundlichen Gesicht.
Nur keine Dunkelheit. Nur nicht allein sein.
Wer geht mit sich schon gerne ins Gericht?
Da muss doch irgendwo noch etwas Wein sein?
Warum kann dieses Ich nie mein sein?
Ach, gäb's nur Licht.

Manchen Nächten kann man nicht entfliehn,
und manche Räume zwingen dich zu bleiben.
Du bist allein mit deinen Fantasien
und fürchtest dich und kannst sie nicht vertreiben.

Das sind die großen Nächte. Halte fest
die Stunden, die dich so gefährden,
wo dir die Seele sagen lässt:
Du musst ein andrer werden.

Ich möchte weiterhin verwundbar sein

Wenn ich jetzt wieder ohne Schnee
die letzten Jahre vor mir seh,
muss ich zu meiner Schmach gestehn,
es könnte vieles besser gehn.

Doch weil der Himmel gütig ist,
kann einem selbst der größte Mist,
darf einem oft die größte Pein
im Nachhinein ganz nützlich sein.

Ich hab mich schon zu weit gefühlt,
um noch mit mir zu streiten,
dabei schafft jeder neue Schritt
nur Platz für neue Weiten.

Es gibt kein Leben ohne Tod,
ich bring mich wieder ein.
Ich möchte wieder widerstehn
und weiterhin verwundbar sein.

Drum nehmt es mir nicht allzu krumm,
ich bin halt öfters eher dumm,
weil mancher Mensch zu seinem Leid
speziell im Sumpf ganz gut gedeiht.

Zwar gilt heut nicht als rechter Mann,
wer seine Schwächen zeigen kann,
doch Mann und Recht, ich glaube fast,
dass das nicht gut zusammenpasst.

Und drum probier ich's weiterhin
mit der Moral nach meinem Sinn,
denn wie uns die Geschichte lehrt,
war die des Rechtes oft verkehrt.

Und ist's auch nicht ganz angenehm,
und stünd ich ganz allein –

ich möchte wieder widerstehn
und weiterhin verwundbar sein.

Und dann

Ach, wärst du nur bei diesem Mann
niemals geblieben.
Jetzt strengst du dich so furchtbar an,
ihn auch zu lieben.

Verbietest dir, dich umzusehn,
er ist der Beste.
Und neben dir blüht das Geschehn
und feiert Feste.

Du quälst dich und du glaubst,
dass er sich ändern würde.
Die Zeit, die du dir damit raubst,
bleibt dir als Bürde.

Du stellst ihm Blumen auf den Tisch.
Er sagt: Ich gehe.
Ach, nicht mehr lang
und du erfrierst in seiner Nähe.

Und dann sitzt du irgendwann vor deinem Fenster,
mit starren Augen, Strickzeug in der Hand,
und du fürchtest dich, weil die Gespenster
dir deinen Schatten stehlen von der Wand.

Und der ist dir doch als Einziger geblieben
und auch ein Päckchen Aspirin.
Noch ein Tagebuch, da steht geschrieben:
Ich habe dir verziehn.

Manchmal träumst du noch davon,
mit ihm zu reden,
doch du hast ein Bild von dir,
das musst du leben.

Dann verblassen dir auch bald
die Fantasien.
Ach, die hätt er dir auch sicher nie
verziehn.

Ein Hochzeitskleid verstaubt im Schrank
und ein paar Glückwunschkarten,
die ebenso wie du
auf Wunder warten.

Und das war's dann auch:
ein ganzes Leben –
nur an dich hast du es
nie vergeben.

Und dann sitzt du irgendwann vor deinem Fenster,
mit starren Augen, Strickzeug in der Hand,
und du fürchtest dich, weil die Gespenster
dir deinen Schatten stehlen von der Wand.

Und der ist dir doch als Einziger geblieben
und auch ein Päckchen Aspirin.

Noch ein Tagebuch, da steht geschrieben:
Ich habe dir verziehn.

(1982)

Noch lädt die Erde ein

Was macht sich heut die Sonne breit –
was hält uns noch zurück?
Mir sitzt schon eine Ewigkeit
der Süden im Genick.

Dort unter Reben liegt sich's gut,
und Hitze hüllt uns ein.
Dann tauschen wir das alte Blut
für neuen Wein.

Und sind wir kräftig ausgeruht,
dann wolln wir schlafen gehn.
Oft hilft ein dicker Bauch ganz gut,
die Nacht zu überstehn.

Die junge Erde öffnet sich,
es kühlt das frische Gras.
Und dann, ich weiß, dann liebst du mich
im Übermaß.

Wie leicht, mein Schatz, verschläft man sich,
wenn man sich nicht so mag.
Das Leben währt
kaum einen Sommertag.

Was macht sich heut die Sonne breit –
sie stellt mich richtig bloß.
Mich lässt schon seit geraumer Zeit
die Freude nicht mehr los.

Wir haben so viel Zeit vertan
und uns so viel erklärt.
Du bist die Frau,
ich bin der Mann und umgekehrt.

Vielleicht wird sich die Sonne bald
schon von uns Menschen wenden.
Ich könnt's verstehn, sie ist zu alt,
sich sinnlos zu verschwenden.

Doch noch gibt's Herzen, die verstehen,
noch lädt die Erde ein.
Nur bald, es ist schon abzusehen,
wird's nur noch schnein.

Wie leicht, mein Schatz, verschläft man sich,
wenn man sich nicht so mag.
Das Leben währt
kaum einen Sommertag.

Die Weiße Rose

1943, kurz vor dem Ende der Nazidiktatur, wurden die Geschwister Sophie und Hans Scholl und vier weitere Mitglieder der Widerstandsbewegung »Die Weiße Rose« in München hingerichtet. Ihnen und all denen, die sich auch heute noch dem Faschismus entgegenstellen, ist dieses Lied zugeeignet.

Jetzt haben sie euch zur Legende gemacht
und in Unwirklichkeiten versponnen,
denn dann ist einem – um den Vergleich gebracht –
das schlechte Gewissen genommen.

Ihr wärt heute genauso unbequem
wie alle, die zwischen den Fahnen stehn,
denn die aufrecht gehn, sind in jedem System
nur historisch hoch angesehn.

Ihr wärt hier so wichtig, Sophie und Hans,
Alexander und all die andern,
eure Schlichtheit und euer Mut,
euer Gottvertrauen – ach, tät das gut!
Denn die Menschlichkeit,
man kann's verstehn,
ist hierzuland eher ungern gesehn
und beschloss deshalb auszuwandern.

Ihr habt geschrien, wo alle schwiegen,
obwohl ein Schrei nichts ändern kann,
ihr habt gewartet, ihr seid geblieben,

ihr habt geschrien, wo alle schwiegen –
es ging ums Tun und nicht ums Siegen!

Vielleicht ist das Land etwas menschlicher seitdem,
doch noch wird geduckt und getreten.
Der Herbst an der Isar ist wunderschön,
und in den Wäldern lagern Raketen.

Ich würd mal mit euch für mein Leben gern
ein paar Stunden zusammensitzen,
doch so nah ihr mir seid, dazu seid ihr zu fern,
trotzdem werd ich die Ohren spitzen.

Ihr wärt hier so wichtig, Sophie und Hans,
Alexander und all die andern,
eure Schlichtheit und euer Mut,
euer Gottvertrauen – ach, tät das gut!
Denn die Menschlichkeit,
man kann's verstehn,
ist hierzuland eher ungern gesehn
und beschloss deshalb auszuwandern.

Ihr habt geschrien, wo alle schwiegen,
obwohl ein Schrei nichts ändern kann,
ihr habt gewartet, ihr seid geblieben,
ihr habt geschrien, wo alle schwiegen –
es geht ums Tun und nicht ums Siegen!

Von den zertrümmerten Wirklichkeiten

Benebelt von Göttern und Parteien,
gedrillt auf Ja und Amen,
voll von Rezepten, die Welt zu befreien,
vergaßen wir unseren Namen.

So lange bewiesen und überdacht,
so lange uns selbst entfernt.
Zwar wärn wir jetzt gerne mal unbewacht,
doch das haben wir niemals gelernt.

Und jetzt stehlen sie uns die Sonne
und versilbern sich den Arsch
mit unseren plattgedrückten Nasen,
unserm treu ergebnen Marsch.

Mein Gott, ich hab die Schnauze voll
von allen, die mich übergehn.
Ich will mit meinen Wünschen jetzt
im Brennpunkt der Geschichte stehn.

Und jetzt stehn wir so klug wie ehedem
vor zertrümmerten Wirklichkeiten,
zwar lebt es sich, heißt es, angenehm,
dafür ist es verboten, aufrecht zu gehn
und sich selbst nach vorn zu geleiten.

Und jetzt wird man uns wieder mal rekrutieren,
und wir stehen dann wieder daneben:
Ach lasst uns doch diesmal, statt mitzumarschieren,
so recht aus dem Vollen leben.

So bleibt vieles ungeschrieben

Zwar: Da ist viel Ungereimtes,
und ich fand noch keine Normen,
meine Lieder und mein Leben
nach gemäßem Maß zu formen.

Viel zu viel kam mir dazwischen.
Wenn ich glaubte, ich sei richtig,
war mir eben neben einem
immer auch das andre wichtig.

Meistens renn ich meinem Denken
viel zu lange hinterher,
und kaum bin ich ausgewogen,
ist mir mein Gewicht zu schwer.

Aber eines ist geblieben,
dass ich schreibe, was ich meine,
und so teil ich mich, ihr Lieben,
und bleib immerfort der eine.

Und so zieht's mich, und so treib ich,
renn davon und halte ein,
um mal zögernd und mal stürmisch,
immer aber Fluss zu sein.

Vieles, was ich von mir dachte,
war ich sicherlich noch nie,
und für vieles, was ich bin,
fehlt mir noch die Fantasie.

Meistens will ich auch nicht sehen,
was an Höllen in mir ist,
und verteile auf die andern
als Gerechter meinen Mist.

Aber eines ist geblieben,
dass ich schreibe, was ich meine,
und so teil ich mich, ihr Lieben,
und bleib immerfort der eine.

Und mag sein, das dauert an,
dieses Schwanken, dieses Flehn,
bleibt die Hoffnung, ich werd weiter
auch im Fallen zu mir stehn.

Und statt irgendwann mal nahtlos,
doch gelangweilt aufzugeben,
will ich lieber unvollendet,
doch dafür unendlich leben.

Und auch jetzt schon, voll von Wein,
bin ich hin und her gerissen,
schreib ich, weil ich's besser weiß
oder wider bessres Wissen.

So bleibt vieles ungeschrieben,
doch das ist's ja, was ich meine,
denn ich teile mich, ihr Lieben,
und bleib immerfort der eine.

Jetzt eine Insel finden

1985–1989

Surfen und Schifahren,
Schifahren und Surfen.
Im Winter Surfen,
im Sommer Schifahren.
Frühjahr und Herbst:
Schisurfen,
später dann
Schurfen und Sifahren
Sifahren und Schurfen.
Im Winter Schurfen,
im Sommer Sifahren.
Im Herbst Schischurfen.
Abends hat man sich viel zu sagen:
Schurfen Schie auch, Fräulein?
Nein, ich schare nur Schi.
Schade.

Als wir beim Falkner waren
stand mein Vater neben mir
vielleicht dichter als jemals zuvor.

Wäre er nicht mein Vater,
hätte ich mich geärgert über jemanden,
der noch so unbefangen staunen kann.

Mein Neid hätte sich
was zurechtgelegt gegen ihn.

Alles erfüllte meinen Vater mit Freude
und für nichts war er zu weise.

Während ich einen Gaukleradler streichelte,
stand mein Vater etwas verloren
zwischen all diesen Vögeln
mit den großen Krallen und den kantigen Schnäbeln
und ich hatte ihn unsagbar lieb.

Nie zusammen im Puff gewesen,
keine einzige Sauftour miteinander,
achtunddreißig Jahre nur im Geist verbunden,
aber jetzt,
als wir beim Falkner waren,
schlossen sich unsere Herzen,
als wäre eine Irrfahrt
zu Ende.

Immer wenn ich,
berauscht vom Heldentum,
nach einem Actionfilm
die Straße breitbeinig in Beschlag nehme,
beschließe ich,
mich tags darauf
in einem Karatekurs einzuschreiben.
Es ist vielleicht eine etwas derbe,

aber
es ist auch eine Art von Poesie,
dem anderen leidenschaftslos und ausdrucksstark
die Fußkante unters Kinn zu pfeffern.
(Man wünscht sich manchmal,
mit dieser Art Gedicht
einigen Kritikern zu antworten.)
Jetzt werden Sie sich sagen,
na, bei dem ist ja selbst das Scheißen poetisch.
Ja, natürlich, kann durchaus sein.
Sie müssen das so sehen:
Poesie ist nicht eine Sache der Bilderfluten,
sondern zuallererst ein rhythmisches Phänomen,
keine Angelegenheit von links oder rechts,
altväterlich oder avantgardistisch,
sie hat eher etwas mit Atmen zu tun,
Legato und Stakkato,
Story oder Reim sind austauschbar,
aber das Luftholen im richtigen Moment
ist unwiederholbar
und verdichtet einen Augenblick
zur Ewigkeit.

Jetzt eine Insel finden

Jetzt eine Insel finden und in seentiefem Blau,
von Opiaten überwölkt nach innen sinken.
Nur nichts von außen. An der eignen Wesensschau
den Lebensrest verzaubernd sich betrinken.

Und doch: Selbst mit verschlossnen Ohren
kann ich den anderen Wirklichkeiten nicht entfliehn.
Denn leider kann sich keiner ungeschoren
auf Dauer in die eigne Welt verziehn.

Mach ruhig die Augen zu: Du kannst das Blut nicht
                                  übersehen.
Schlag dir die Nase ab: Es stinkt nach Untergang.
Und einmal werden die Geschundnen vor dir stehen
und werden fragen: Was hast *du* getan?

Ich scheuchte gern diese Gedanken von mir weg
und würd sie lieber gar nicht schreiben oder singen.
Ich stellte oft die Freude schützend vor den Dreck,
mit dem sich Menschen immer in die Knie zwingen.

Doch manchmal seh ich sie vor mir mit leeren Augen,
zerschundnen Händen, aufgeblähtem Bauch,
ich möchte schlafen und dem bösen Traum nicht
                                  glauben
und seh mich plötzlich zwischen alldem auch.

Seh mich gejagt als Nigger in dem Schmutz
einer zurückgebliebnen weißen Fettwanstwelt,
seh mich als Jäger, der sich in dem Schutz
einer entmenschlichten Moral gefällt.

Und spüre Schmerz, der nie der meine war.
Und heul mit einem Waisenkind.
Und bringe in der Wüste Opfer dar,
auf dass der Regen komme mit dem Wind.

Dass so viel Blut die Erde fassen kann!
Ich werde bald ertrinken in dem Rot.
Und weiß – das fängt erst alles an.
Wenn wir nicht schnell erwachen, sind wir tot.

Auf einmal seh ich plastisch all die Lügen,
die unsrer Erde ihren Atem rauben,
und all die toten Seelen, die sich fügen,
weil ihre Körper sich am Leben glauben.

Die Straßen sind gefüllt mit Geisterwesen,
die man schon lange aus der Welt verbannte.
Ich hab als Kind erstaunt davon gelesen,
und jetzt erschreckt mich all das Unbekannte.

Ich sehe Priester, die das Kreuz der Liebe
wie ein Gewehr auf ihre Schäfchen richten,
und wie die großen Gauner kleine Diebe
uns zur Erbauung gnadenlos vernichten.

Ich seh auf einmal diese feinen Stoffe,
aus denen Menschen eigentlich bestehen.
Und habe Angst und bete, und ich hoffe,
mich jetzt noch nicht so eigentlich zu sehen.

Als könnte jemals jemand ganz allein
in seiner Höhle mit sich vegetieren.
Wir sind vermummt, wir hörn sie nicht mehr
                                        schreien,
die ständig in und um uns existieren.

Es ist ein langer Marsch durch die Geschichte,
der sich vor mir in diesem Augenblick vereint,
und ich verwünsche schaudernd die Gesichte,
wo mir so vieles plötzlich körperlich erscheint,

was nur abstrakt in unserer Psyche
befreit von Mythen, heißt es, existiert.
Doch das Abstrakte hat Gerüche
und nimmt Gestalt an, zeugt, gebiert.

Jetzt zieht ein Heer von Tieren durch die Nacht,
ein Trauermarsch zertretner Kreatur.
Die fragen stumm: Was habt ihr nur gemacht,
erkennt ihr nie mehr diese unsichtbare Schnur,

die alle mit dem anderen verbindet,
die euch allein, doch nie vereinzelt lässt –
die hält euch, bis der Letzte Frieden findet,
im Strudel eurer Grausamkeiten fest.

Noch wird es Tag, die Sonne streichelt wieder,
als wüsste sie von nichts, die ganze Welt.
Ich komm mir wichtig vor und bette mich in
                                                        Lieder,
obwohl doch alles bald zusammenfällt.

Da unten wird grad einer abgestochen.
Ich prüf die Härte meines Frühstückseis.
Wo hat sich meine Seele wieder hin verkrochen?
Ich will davon und wart am falschen Gleis.

Und während ich hier wieder einmal klage,
springt einer irgendeinem ins Gesicht.
Natürlich weil er recht hat, nur die Frage
erübrigt sich schon lang: Wer hat das nicht?

Jetzt eine Insel finden und in seentiefem Blau,
von Opiaten überwölkt nach innen sinken.
Nur nichts von außen. An der eignen Wesensschau
den Lebensrest verzaubernd sich betrinken.

Und doch: Selbst mit verschlossnen Ohren
kann ich den anderen Wirklichkeiten nicht
                                                 entfliehn.
Denn leider kann sich keiner ungeschoren
auf Dauer in die eigne Welt verziehn.

Liebesdank

Jetzt möchte ich dir endlich einmal danken,
dass du mich schon so lang ertragen hast,
meine Zerrissenheiten und mein Schwanken
und all den ungebändigten Ballast,

den ich so einfach auf dich wälzte, um befreit
mein Menschsein männlich zu vollenden.
Wie oft lag diese Heldenhaftigkeit
in deinen lieben Händen!

Oft fände ich mich in dir gerne wieder,
doch immer wieder finde ich nur dich,
so atmest du in jedem meiner Lieder,
so lieb ich dich.

Vielleicht stand es in den berühmten Sternen,
dass ich dich traf. Doch das stand nicht darin:
Ich habe noch so viel von dir zu lernen,
bis ich dir nahe bin.

Du hast geweint, wenn ich mich selbst beweinte,
du warst bei mir, wenn ich mich nicht mehr fand,
du warst es, die das Ungereimte
in mir zu einem Vers verband.

Oft fände ich mich in dir gerne wieder,
doch immer wieder finde ich nur dich,
so atmest du in jedem meiner Lieder,
so lieb ich dich.

Lasst doch den Menschen ihr Leid,
hab ich neulich kurz mal in die Runde geworfen,
und schon hab ich mich in die Nesseln gesetzt.
»Bist du wahnsinnig geworden,
faschistoid,
dir geht's wohl zu gut?«
Aber bitte, sag ich,
halten Sie sich das doch mal ganz deutlich vor Augen,

was uns die Versicherungsvertreter aller Art
                           verkaufen wollen,
gesund und glücklich und ohne Zwischenfälle,
derselbe Job,
dieselbe Frau,
derselbe Mann,
ab und zu ein paar Fernsehprogramme mehr,
die Auswahl wird größer,
die Programme werden schlechter,
keine Schicksalseinmischungen,
keine Zwischenfälle,
kein Risiko,
ein Leben lang geregelt leben,
Besitz vermehrt,
kein Haus brennt ab,
kein Geld wird entwertet,
die Kinder gehen jeden Tag zur Schule,
wenn's geht, Sonnengarantie Juli/August,
kein Beinbruch beim Skifahren,
und Sie finden auch wirklich nichts,
worüber Sie sich aufregen könnten,
die Partei, die Sie wählen, gewinnt immer
und hält immer, was sie verspricht ...
Wird Ihnen nicht jetzt schon übel –
soll ich weitermachen?
Ihre Frau läuft Ihnen garantiert nie davon,
Ihre Geliebte telefoniert nie mit Ihrer Frau,
wenn Sie keine Lust mehr haben,
packt sie still und ohne zu weinen die Koffer
und verschwindet aus der Stadt,
und der Himmel,

ja, der Himmel ist Ihnen gewiss,
gleich nach dem Sterben schlagen Sie die Augen auf:

Derselbe Job,
dieselbe Frau,
derselbe Mann,
ab und zu ein paar Fernsehprogramme mehr,
keine Schicksalseinmischungen,
keine Zwischenfälle,
kein Risiko,
Ihre Frau läuft Ihnen garantiert nie davon,
Ihre Geliebte telefoniert nie mit Ihrer Frau,
von Ewigkeit zu Ewigkeit
kümmert sich irgendwer um Sie
und wirft Ihnen Prospekte in den Briefkasten,
immer neue Programme
zur Eliminierung der Gefahren,
zur Ausschaltung von Risiken,
zur Einebnung der Leiden,
zur Nivellierung allen Werdens.
Ich hab ein Recht auf mein Leid!,
will ich brüllen,
aber mir fällt das Wort schon nicht mehr ein,
man hat es einfach gestrichen,
die Alpen werden sicherheitshalber abgetragen,
nur keine Erinnerung
an Schluchten und Schründe,
Höhen und Tiefen.
Ich will mein Risiko!,
möchte ich brüllen,
aber milde Glückswächter
stopfen mir den Mund mit Versicherungspolicen,

die Tränendrüsen werden schon bei Geburt entfernt,
die Angst mit Pillen erstickt.
Nur die Tiere und Pflanzen,
wenn sie noch ein Plätzchen zum Verstecken gefunden
                            haben,
sitzen zusammen und schütteln die Köpfe,
lieben, hassen, schimpfen, schreien,
und der liebe Gott
weiß nicht mehr aus noch ein vor Schmerz
und weint bitterlich,
weil's sonst keiner mehr kann.

Da draußen blühen schon die Anemonen
und hier erdrückt mich Bürokratenmief,
und doch: Hier muss und werde ich auch wohnen,
hier fall ich hoch, hier steig ich wieder tief.

Ich sehn mich auch nach dieser Frühlingsblüte,
die selbst im Winter auf den Äckern liegt,
wo das, worum man sich so lang bemühte,
auf einmal eine sanfte Rundung kriegt,

bis die Verklärung wie ein Hauptgewinn
als süßer Regen auf mich niederfällt,
doch weil ich zweitens ziemlich fleischlich bin,
ist es der Mief, der mich am Leben hält.

So zwischen null und sechs Uhr früh,
wenn wieder alles nicht mehr läuft
und das Gefühl: Sie kommt doch nie,
in Wodka und Blabla ersäuft,

wenn ich mich, also unbeweibt,
aufs Dichter-, Denkertum besinn,
wenn nur die alte Lüge bleibt,
dass ich allein am besten bin,

dann wünsch ich mir den Feuerstrahl,
mit dem sich Götter demaskieren,
dass sie mit mir sich ganz banal
im Unbedeutenden verlieren,

dass sie derselben Fantasie,
die mich gemacht hat, hörig sind
und dass dieselbe Melodie
uns aus denselben Herzen rinnt.

Schon immer hab ich auf das Schreckliche gewartet.
Es lauert hinter jedem Vorsprung. Und so schnell
ist, wer noch eben artig war, entartet
und Orpheus' Saitenklänge enden im Gebell.

Wohin nur? Einer meint: die Form.
Der andere: Ändere deine Haltung!
Selbst ohne Norm zu leben wird zur Norm
und ungestalt zu sein ist auch Gestaltung.

Noch bleibt der Wahnsinn. Halte dir im Hirn
die Gärten offen. Blühe, wo die Welt
noch keinen Zutritt hat. Wo dein Gestirn
sich noch im Innersten zusammenhält.

Selbst wenn es nichts mehr gäbe,
was mich hält,
dann hielte mich noch,
dass mich nichts mehr hält.

Nur keine Statements mehr,
Parteien und Parolen
(Gehirnverbände, um zu fliehen).
Genüsse holen wir uns meist verstohlen,
nur Kapriolen
werden ab und an verziehen.

Doch Stürme, Brechungen
und Hilfeschreie
verletzen Barrieren und Gesetz,
man hält sich fit mit Weizenkleie
und lebt halt ungern ohne Netz.

Ich fliege übers
Ach-ich-kann-nicht-Meer.
Die Wolken prasseln meine Flügel nass.

Salz in der Nase
und die Lippen schrund.
Mich feuert's. Lecke Kinn und Mund.

Jetzt, lieber Bruder, teilen wir
die Asche und den letzten Wein.
Dann überm Abgrund kurz verweilen.

Wir stürzen, Bruder. Halt nicht auf.
Vereinsamt sterben wir.
Gemeinsam bleibt der Lauf.

Gut zu fühlen, dass der Wind
mit den Wellen sich vereint,
dass der Finsternis zum Trotz
eine Sonne immer scheint.

Gut zu fühlen, dass der Drang,
seine Seele auszuleeren,
schweigen kann, obwohl man weiß,
er wird immer wiederkehren.

Gut zu fühlen, man kann weiter
untergehn und überschäumen,
währenddessen unverformt
sich die Verse selbst erträumen.

Zwei starkdeutsche Gedichte

Schnell! schrat da Bub.
Schnell! schrat da Bub.
Braten schon die Ranne.
Muss zuruck.
Muss zuruck.
Kannit auf die Walz.
Rein, Land, odda Pfalz!
Gottar halts!
Gottar halts!

I winsch mer a musikt
di mich mit nix bedrickt,
denn wenn se mich bedrickt,
dann isses ka musikt

Hans Moxter wird sechzig –
herzliche Gratulation!
Ich hab zwar noch nie was von Hans Moxter gehört,
aber er soll Bedeutendes für den Großhandel geleistet
                                        haben
oder für den Einzelhandel,
jedenfalls irgendwas mit Port,
Im- oder Ex-,
aber das ist ja auch ganz egal,
ich kenn ihn sowieso nicht.
Kennen Sie Hans Moxter?

Ja, den, der jetzt sechzig geworden ist,
großer Artikel in der FAZ,
Moxter, der Gigant, der Familienvater, der Schifahrer,
Sportsegler, Laiendarsteller.
Es könnte genauso gut in der Zeitung stehen:
Peter Illig wird siebzig,
den kennt auch niemand,
dem will auch keiner was,
aber irgendwas muss ja in der Zeitung stehen,
zum Beispiel: Heinz Habersack wird geboren,
Heinz Habersack,
der für die deutsche Wirtschaft
Bedeutendes leisten wird,
wird geboren,
Heinz Habersack, der Gigant,
Familienvater, Sportsegler und Laiendarsteller,
jetzt in diesem Moment,
wenn Sie genau hinhören,
jetzt können Sie ihn schreien hören,
und wenn er sechzig wird,
wollen wir ihm danken
für sein sauberes Leben,
für seine zwei Kinder Susanne und Rolf
und für den Aufschwung,
den er unserem Land beschert haben wird.
Wir alle lieben Heinz Habersack,
der jetzt gerade geboren wird,
weil er so viel für Deutschland tun wird,
weil er eine liebevolle Ehe führen wird,
weil er einmal sechzig sein wird
und weil er dann Bedeutendes für den Großhandel
                              geleistet haben wird.

Alles Gute, Heinz Habersack,
Kopf hoch, Hans Moxter,
halt durch, Peter Illig!

Immer, wenn ich in Urlaub fahre,
höre ich irgendjemanden sagen:
»Aber selbstverständlich, Bernd«
oder
»So nicht, Luise«,
und das gibt mir dann das feste Gefühl,
nicht allein zu sein,
alles in deutschem Griff
sozusagen.

Sehen Sie,
ich könnte auch ganz woandershin fahren,
in den brasilianischen Urwald zum Beispiel
oder ans Nordkap,
wo nichts anderes zu hören ist
als das ewige
Oink, Oink
der Seehunde,
aber kann ich mir da ganz sicher sein,
dass das in der eigentlichen Bedeutung des Lautes nicht
                                                  auch
»Aber selbstverständlich, Bernd« heißt
oder etwas abgewandelt
»Lass mich in Frieden, Luise«?

Vielleicht haben die Gestirne in diesem Punkt
ein völlig anderes System
und das sieht man schon daran,
dass sie in den seltensten Fällen
Bernd oder Luise heißen,
und sie bräuchten schon eine gewaltige Stimme,
um sich über Lichtjahre hinweg
»Aber selbstverständlich, Kleiner Wagen«
oder
»Halt die Fresse, Andromeda«
zuzubrüllen,
und ich würde mir da oben etwas verloren
                                          vorkommen.

Also freue ich mich,
wenn ich Bernd und Luise begegne,
lächle ihnen zu,
und es kommt schon mal vor,
dass ich dem oder jenem
mir völlig Unbekannten
»Ist schon in Ordnung, Bernd«
oder »Mach dir nichts draus, Luise«
zurufe.

Es fällt mir jetzt schwer,
hinter dem Ganzen
einen Sinn zu entdecken
oder gar eine
mir genehme
philosophische Grundwahrheit
aber ich glaube, es ist an der Zeit,
Tatsachen wie diesen

hart und unerbittlich
ins Auge zu blicken.

Sie haben keine Bedeutung,
nützen weder beim Abwaschen
noch beim Meditieren,
aber schwingen in ihrer eigenen Melodie,

und das ist doch auch schon was, Bernd.
Oder etwa nicht, Luise?

Manchmal hat mir ein schönes Wirtshaus
was Heiligeres als eine Kirche,
und wenn ich auch nicht zum Beten einkehre,
so gereicht mir doch ab und an
ein Schweinsbraten eher zum Gebet
als alles Niederknien und Gegen-die-Brust-Schlagen.
Das kann dem lieben Gott auch gar nicht so unrecht sein,
hat er mich doch reichlich mit Fleisch und Fleischeslust
                                        ausgestattet.
Ich könnte das alles jetzt auch noch
in einen bayrischen Vers kleiden,
aber dann würd man es sicher beim nächsten
                                        Komödienstadl
als Witz erzählen,
und das will man ja nun als deutscher Dichter
auch nicht auf sich sitzen lassen.

Ach sicher, ein jeder gäbe sich gern
ganz seiner Seele hin,
denn der Mensch ist nicht schlecht,
nur die Umstände sind's, die ihn schlächten.
Aber wer macht nur die Umständ so schlecht?
Den Göttern könnt man's schon anlasten,
aber die haben wir selber vertrieben
und da nützt kein Geschrei.
Jetzt, wo wir auf ihren Plätzen sitzen,
spricht uns das eigene Wehklagen schuldig.

Ach sicher, ein jeder gäbe sich gern
ganz seiner Seele hin,
doch jetzt find sie mal wieder!
Vertrieben, verkauft und beim Wiegen zu nichtig befunden
die Seele, dieses Stück Niemandsland,
find sie mir wieder!
Und ich werd mich schön einhüllen,
im Winter, wenn's Mäntel braucht,
werd ich mich einhüllen in eine warme Seel.
Nein, der Mensch ist nicht schlecht,
nur die Umstände sind's, die ihn schlächten.
Aber wer macht denn die Umständ so schlecht?

Und sicher, jeder gäbe sich gern
ganz seiner Seele hin,
nur die Zeit, an der mangelt's
und das Gelächter, der Spott
wenn man sich aufmacht, sich aufzumachen.
Besser, man zerrt die Umständ vors hohe Gericht.
Dunkelhaft, Einzelhaft, weg mit den Umständen!

Immer finden sich welche, die Umstand heißen.
Kerker, Galeeren und Wasser und Brot,
denn der Mensch ist nicht schlecht,
nur die Umstände sind's, die ihn schlächten.
Und siehe oben:
Wer macht denn die Umständ so schlecht?

Ach, diese schöne Stunde
und Rausch und Überfluss
und du an meiner Seite –
und Kuss für Kuss

gefallen wir uns besser.
Ist das nicht fies?
Die Welt liegt unterm Messer –
und wir im Paradies.

Hab so eine Sehnsucht, mich aufzuspüren,
mich in den Griff zu kriegen,
und scheitere oft schon am Buchstabieren
und dann bleib ich meistens liegen.

Zwischen Rausch und Askese, halb Heiligenschein,
halb Auswurf der Hölle, ich schwebe
und pendle mich meistens nicht mehr ein –
und doch: ich lebe. Ich lebe!

Die Türen verriegelt. Die Stürme verbannt.
Zu wissend, um noch zu ahnen.
Erst haben wir alles umbenannt,
jetzt scheitern wir an den Namen.

Herrschaft der Gifte: Sie heißen Nacht
und schlaflos und Einsamkeit.
Wer sich, wie wir, um den Tag gebracht,
dem endet die endlose Zeit.

Kein Fenster, kein Duft, ach, wär nur ein Baum,
ein Stückchen Himmel zu sehen.
Zwischen Suchen und Sucht, zu viel und kaum
verlernten wir zu überstehen.

Da war doch mal Sonne und Mittelmeer
da tönten doch Rosen und Licht –
jetzt lasten die Nächte als Narben schwer
auf unsrem verhuschten Gesicht.

Nächtens, wenn die Sonnen schweigen,
wird die Frage laut: Warum?
Wärst so gerne dir zu eigen
und stehst doch nur außen rum.

Nächtens, niemand liegt dir bei,
kaltes Bett und kahle Wände.
Schlaftabletten. Stummer Schrei:
Manche falten noch die Hände.

Nächtens. Zehnter Stock. Terrasse.
Nebenan, Apartment sieben,
starrt ein Nächster auf die Straße
und beschließt, davonzufliegen.

Nächtens, wenn die Sonnen schweigen,
wird die Frage laut: Wozu?
Wärst so gerne dir zu eigen.
Schließ die Augen. Deck dich zu.

Immer ist Ort und Stunde.
Immer bist du gemeint.
Und es ist jede Wunde
einmal zu Ende geweint.

So viele Schritte gegangen,
egal, wohin sie geführt.
Hauptsache angefangen,
ab und zu Leben gespürt.

Immer ist immer und weiter,
Immer – das bist du.
Die Tore öffnen, und heiter
schreitet der Tag auf dich zu.

Fragwürdig ist das natürlich
immer wieder,
diese Seelenauswürfe,
diese Hirnfragmente,
ausgespien von Klein- und Größerkünstlern aller Art,
sozusagen in Sie hineingeschleudert,
jetzt fressen Sie mal,
jetzt erweitern Sie gefälligst Ihr Bewusstsein,
hab Sonne im Herzen
und Heine im Hirn,
und dann auch noch dieser zwielichtige Bayer,
wenn man der Presse glauben darf,
lebt der auch immer ganz anders,
als er schreibt,
oder schreibt er immer anders, als er lebt,
manchmal lebt der nur noch
und schreibt gar nichts,
stellen Sie sich das mal vor,
dem soll ja schon ein paar Monate
gar nichts mehr eingefallen sein,
der hockt nur noch in seiner Wirtschaft rum
und knallt sich die Birne voll.
Fragwürdig, äußerst fragwürdig,
da muss einem doch der Sinn
fürs Eigentliche schwinden,
und ein deutscher Sänger hat fürs Eigentliche zu sorgen,
dem wollen wir doch mal zeigen,
was das eigentlich ist,
das Eigentliche,
immer nur von sich zu sprechen,
wenn's doch um Deutschland geht.
Fragwürdig,

der Frage würdig,
würdig zu fragen,
würden Sie mal die Frage gestatten,
was das eigentlich soll?
Wir wollen über Kohl schimpfen,
wir wollen uns über Strauß auslassen,
hier wird nicht gesungen,
hier wird diskutiert,
stecken Sie sich Ihre Poesie in den Arsch
und reden Sie Tacheles!
Aber was bitte könnte schon radikaler sein
als ein poetisches Leben?
Endlose Gespräche mit schönen Menschen,
das Zittern in der Magengegend,
wenn man das erste Mal
zusammen ein Hotelzimmer mietet,
in der Sonne liegen,
wenn man arbeiten müsste,
das Absingen obszöner Lieder
in den Gefängniszellen sauberer Länder
und dann natürlich die Wut,
die Trauer,
die Ohnmacht,
immer stirbt etwas an einem,
wenn einem anderen die Zunge rausgerissen wird,
nur weil er zu empfindsam ist.
Schmerz, manchmal Mitleid,
aber nie wirklich mit Massen und Völkern.
Ich bleib ans Einzelne gekettet,
nur so kann ich mich an alle gebunden fühlen,
Einzelschicksale schnüren mir die Kehle ab,
lassen mich hoffen,

die Geschichte tangiert mich nur hirnlich,
da geht mir nichts an die Nieren.
Die Politik war schon immer wölfisch,
wenn's kälter wird, kommen sie in die Dörfer
und zerfleischen die Schwachen,
aber auch daran leide ich nur peripher,
zu allgemein,
zu gemein zu allen.
Aber wenn mein Freund Sebastian das Handtuch wirft,
nur weil er sich bis zum Schluss
beharrlich geweigert hat,
jeden Morgen nach dem Aufstehen
über Nicaragua zu diskutieren,
jeden Morgen
nüchtern
über Nicaragua,
sondern schon mal ein
»Guten Morgen, heute ist aber ein herrlicher Tag,
wollen wir nicht mal schwimmen gehen?«
in die Runde warf,
mein Freund Sebastian,
der es schon mal fertigbrachte,
ab und zu dieses total vergiftete
feingemahlene
wertstofffreie
durch und durch ungesunde
Graubrot zu essen,
aber dann trotzdem am Echo zerbrach,
an diesem germanischen Zwang seiner Mitmenschen,
immer das vom andern zu fordern,
was man selbst noch nicht verinnerlicht hat,
Sebastian,

wenn der sich ins Auto setzt
und mit hundertzwanzig über die Böschung schießt,
vielleicht um ein letztes Mal noch davonzufliegen,
dann ist das nicht getrennt von der Welt und
der großen Politik
das ist die große Politik,
da ist mir das Herz so voll,
dass ich reden muss.
Was sollte ich da noch über die Geißlers und Genschers
                                      bramarbasieren,
lasst uns doch lieber über die Lebendigen reden!
Über uns, zum Beispiel,
wo's noch Sinn hat,
wo's noch Hoffnung gibt.
Ich kann's nicht mehr
mit diesen schmalen Lippen,
all diesen Messiassen,
mit ihrem heiligen Ernst,
teutonische Tragöden
mit schleppenden Schritten
und eingezogenen flachen Ärschen.
Die Welt ist aus einem Gelächter Gottes entstanden,
heißt es,
ein Spaß, meine Damen und Herren,
ein kosmisch komischer Irrtum!
Spielend sollten wir uns zurückerobern,
am Ende setzen sich unsere so heißgeliebten chemischen
                                        Reaktionen
in anderen und anderem fort,
und übrig bleibt die Idee,
das heißt,
wenn wir jemals eine gehabt haben.

Sizilianische Psalmen

I

Diesen Verfall zu genießen.
Diese bröckelnden Hotels
mit ihren großschnäuzigen Eingangshallen,
wo man stündlich auf den Ansturm
der Straßenjungen wartet,
um mit einer letzten großartigen Gebärde
lächelnd erschlagen zu werden:
Alles ist Endzeit
immer schon,
immer war jede Zeit Endzeit
und immer schon
musste man sich
– wenn's geht –
besoffen von Flieder oder Jasmin
ans Weiterleben erinnern.

Schön:
Im Verfall zu versinken und,
wenn auch nur kurz,
mit der Geste der Herren
sein zerfressenes Ich
zu polieren,
von Mitleid verschont
und von allen Gedanken
an Recht und Gerechtes
dümmlich und stolz und erhaben
unterzugehen.

Wie grässlich,
wie unsozial!,
werden Sie brüllen.
Er hat kein Herz –
und wirklich,
es wird auf mir lasten wie Stein,
aber für einen Augenblick
will ich der Grausamkeit
Teil sein.
Dann dürfen Sie mich zerfleischen.

II

Keiner kann mir erzählen,
dass Lava kein Tier sei,
und wie mir der Wirt
zwischen der Pizza und einer Cassata versicherte,
kein »animale di un sogno terrible«,
und dass da im Inneren der Erde nicht wirklich die
Hölle brodelt
(uns allen nur zu gut bekannt:
haben wir doch immer dieselben Bilder
in unseren verschiedenen Träumen).
Alle diese in heißem Schleim verfinsterten
verendenden Wesen,
kann man's ihnen verdenken,
dass sie ans Licht wollen,
sich über Bäume und Wiesen und selbst Flüsse
und Meere verströmen,
um teilzuhaben am helleren Leben?
Ich würde wohl scheitern an dieser gigantischen Fotze,

die ohne zu ruhen Feuer gebärt,
auf dass der Kreislauf nie ende
und die Hölle nie endlos sei,
auch wenn er mich reizen würde,
wohlgemerkt in sicherer Entfernung
und behütet von zwei erfahrenen Führern,
die mir versichern,
dass der Untergang der Welt
sich noch um ein paar Tage verschiebt,
gegen ein angemessenes Trinkgeld, versteht sich,
aber so nah bin ich den Tiefen der eigenen Seele
noch nie gewesen.
Als ob dieser Feuerteig
nur darauf wartete,
aus mir gespien zu werden,
um sich noch im Erkalten
mit der Welt zu verbünden.

III

Schübe von Duft
und ein gefährliches, nie endendes Blau.
Mädchen schlendern vorbei,
dralle, wiehernde Mädchen
mit Schenkeln aus Erdnussbutter geformt
und himmlischen, pompösen Brustwarzen
und dazu –
überall bist du
zwischen den Brüsten der Gemüsefrauen
strahlt mir dein Gesicht entgegen,

und auf den liebevollen Blicken der schwulen Buben
schwimmst du mir zu.

Hätten sie nur diesem christlichen Gott
das Fleisch gelassen,
hätten sie uns nur einmal erzählt,
wie Jesus gierig in den Schoß der Magdalena getaucht ist,
hätten sie doch die Götter weiterhin vögeln lassen,
ließen sie nur die Liebenden
auf ihren Altären zeugen und gebären –
man muss die Wollust zum Sakrament machen,
anstatt sie aus den Kirchen zu verbannen.

Ach, von einem Gott bestiegen zu werden,
am liebsten im Frühjahr
zwischen Amalfi und Sorrent,
zwischen Pinien und Oliven
vom Wechseltakt ländlicher Melodien
und von diesem Verzücken verschaukelt lebenslang zu
                              zehren –
das wäre mir wahrhaft Gottesdienst genug.
Was flössen da die Psalmen aus meiner Feder,
da könnt ich nicht mehr aufhören
mit Hosianna-Brüllen,
so gläubig, so innig,
dass die Sonne selbst
einen Augenblick lang
schmelzen müsste
und als Lava die Erde verschlänge.

Niemand kann die Liebe binden

Bin schon wieder wo gelandet,
wo ich gar nicht gerne bin,
von der letzten Nacht gestrandet,
große Sprüche – kleiner Sinn.

Wär jetzt lieber gern bei dir,
doch wir haben's ja probiert,
und jetzt steh ich hier und frier,
hab mich halbwegs arrangiert.

Es ist schwer, mit dir zu leben,
schwerer, ohne dich zu sein,
und ohne dich kann ich nicht leben,
und mit dir kann ich nicht sein.

Konnten uns halt nicht mehr halten,
doch ich riech noch deine Haut,
wenn wir aufeinanderprallten,
war das meist zu derb und laut.

Wunderschön war das Versöhnen,
nur zu viel Zerrissensein.
Würde dich jetzt gern verwöhnen,
lass es bleiben – bleib allein.

Es ist schwer, mit dir zu leben,
schwerer, ohne dich zu sein,
und ohne dich kann ich nicht leben,
und mit dir kann ich nicht sein.

Niemand kann die Liebe binden,
sie gefällt sich selbst zu gut.
Müssten uns halt nochmals finden,
aber dazu fehlt der Mut.

Würd dich jetzt so gern umfangen,
wär gern ganz tief in dir drin.
Zwischen Wissen und Verlangen
will ich weg – und zu dir hin.

Es ist schwer, mit dir zu leben,
schwerer, ohne dich zu sein,
und ohne dich kann ich nicht leben,
und mit dir kann ich nicht sein.

Zigeuner ohne Sippe

Schon wieder dieses Schwanken,
dieses nichts und alles tun,
schon wieder viel zu müde,
um sich noch auszuruhn.

Du stellst dich auf die Straße
in Richtung Traum,
doch keiner nimmt dich mit,
die Richtung kennt man kaum.

Also weiter nach innen,
das Bewusstsein zerwühlen,
es geht tausend Stockwerk abwärts
mit den Selbstwertgefühlen.
Da erinnert dich doch was
an weichere Zeiten,
stattdessen nur noch Angst,
schon wieder auszugleiten.

Bist ein Zigeuner ohne Sippe,
ein Indianer ohne Stamm ...

So treibst du deine Tage,
deine Nächte vor dir her,
für die andern gut gestylt,
innerlich zum Bersten leer.

Du schnappst dir einen Pflasterstein
und hoffst, dass was zerbricht.
Doch was er auch erreichen mag,
dich selbst erreicht er nicht.

Du tauchst in Fleisch und Gifte ein,
versinken und vergessen,
doch was du dir auch überziehst,
dir ist nichts angemessen.

Du blutest, und das Schlimmste ist,
es tut dir nichts mehr weh,
was früher Geistesblüte war,
ist jetzt schon alter Schnee.

Bist ein Zigeuner ohne Sippe,
ein Indianer ohne Stamm, ...

Dann halten dir Dämonen
deine Masken vors Gesicht,
du weißt, es bleibt dir kaum noch Zeit,
und die ist gegen dich.

Du kramst nach deiner Seele,
doch die ist gut versteckt,
von hartgewordnen Lügen
vereist und zugedeckt.

Du klammerst dich an Freunde,
vielleicht Gesang und Wein,
doch letzten Ends verreckt man
ausschließlich und allein.

Du ahnst erst ganz am Boden,
was dich allein erhebt:
Es richtet sich nur auf,
wer aufrichtig lebt.

Bist ein Zigeuner ohne Sippe,
ein Indianer ohne Stamm ...

Ich liebe die Dicken!
Ich kenne ihre heimlichen Vorlieben,
ihre nächtlichen Umkreisungen des Eisschranks,
ihre Demütigungen in Modegeschäften,
wenn die windschlüpfrigen Verkäufer der Schweißperlen
                                   gewahr werden
und sich davonschwebend erheben,
so wie sich immer einer über den anderen erhebt,
weil er zu rot ist oder zu schwarz
oder zu lutheranisch
oder zu esoterisch.

Kopfsalat oder Schweinerücken?
Ich sehe schon die Armeen aufeinander zurasen.
Kopfsalat oder Schweinerücken:
Weil's ja immer einen Grund geben muss zum Kämpfen,
und auch hier halt ich's mit den Dicken.
Sie sind selten vorne dran,
denn sie nagen immer an etwas,
sei's an ihrem Dickesein
oder an einem Hühnerbein.

Nicht, dass ich die ganze Welt lieber fettleibig hätte,
sie sind eben nur von anderer Art,
so, wie einer katholisch ist
oder Freimaurer
oder Säufer
oder Dauerläufer.
Eine Haltung, die es zu schützen gilt.

Tropenträume

Das ist die hohe Zeit der Tropenträume,
ein Flügelschlag nur bis zum Meer.
Und alles, was ich jetzt versäume,
erreicht mich bis ins Grab nicht mehr.

Versoffner Mond und dunkle Weine,
das Leben schlägt die Fantasie!
Ein schwuler Priester schwingt die Beine.
Er ist der Star der Travestie.

Sie tanzt. Und ihr Jahrhunderthintern
verspricht mir mehr als ein Gedicht.
Ich möchte in ihr überwintern,
doch Eis und Winter kennt sie nicht.

Sie tanzt. Es gibt nur diesen einen
äonenalten Liebestanz,
durch den die fremden Welten scheinen
und unbekannter Götter Glanz.

Nur weiter, wo die Schiffe dösen
dem letzten Hafen hinterher.
Dort, wo die Blumen alles Bösen
dem Sumpf entblühen, bunt und schwer.

Jetzt Segel setzen, windwärts fliehn.
Zu Hause wartet das Verderben.
Sie haben mir noch nie verziehn,
dass ich zu stark war, um zu sterben.

Der Tod hat viel zu schwere Flügel
ihn hält es nicht in meinen Höhn.
Er ist das Pferd. Ich halt die Zügel.
Er überdauert. Ich werd überstehn.

Es ist der alte Rausch der Meere,
der meine Fieberträume nährt.
Dahinter öffnet sich die Leere
und eine Stille, die verzehrt.

Ich bin dem Sanften nicht gewogen,
auch langweilt mich der milde Blick,
mich hat das Feuer großgezogen,
zum Feuer will ich auch zurück.

Da wuchern wieder Kindheitsträume,
das Wunderland Calafia,
das ich erst spät durch dunkle Räume
im Drogentaumel wiedersah.

Das brandet an. Das ist das Fieber,
das aller Völker Mutter war.
Aus diesem Stoff ist das Gefieder
der Engel. Weiß und wunderbar.

Das ist die hohe Zeit der Tropenträume,
ein Flügelschlag nur bis zum Meer.
Und alles, was ich jetzt versäume,
erreicht mich bis ins Grab nicht mehr.

Stürmische Zeiten, mein Schatz

1990–1999

Kleines Herbstlied

Der Sommer geht vorbei,
und all seine Lieder
legen sich bis zum Mai
zum Sterben nieder.

Der Sommer geht vorüber,
mit ihm ein Fetzen Leben,
die Tage merklich trüber,
das Herz schlägt leicht daneben.

Der Sommer geht vorbei,
und mit ihm stirbt mein Sehnen,
die letzte Liebelei,
die Lügen und die Tränen.

Der Sommer geht dahin,
die Frage wird zur Qual:
Wer weiß, ob ich noch bin
beim nächsten Mal?

Der Sommer geht vorbei,
doch dieses Sterben
wird bald, wie nebenbei,
ein Blühen werden.

Wenn du fort bist

Wenn du fort bist, scheinen mir die Tage
etwas schwerer und vor allem nicht so breit.
Legte man die Stunden auf die Waage,
wögen sie ein Stück der Ewigkeit.

Wenn du fort bist, klingen Harmonien
immer etwas nach e-Moll
und der Himmel pflegt sich stets zu überziehen
und was Spiel ist, wird gedankenvoll.

Wenn du fort bist, kommen mir die Leute
noch verbiesterter und unbeseelter vor.
Jeder sucht zu spät sein eignes Heute
zwischen Kegelclub und Kinderchor.

Und mir fehlt nun mal dein wundervolles Lachen,
das die ganze Welt zum Spielplatz macht,
unser Feldzug gegen Windmühlen und Drachen
und das Abenteuer jeder Liebesnacht.

Eigentlich will es mir gar nicht passen,
denn bis jetzt war ich stets stolz allein,
doch von dir kann ich nun mal nicht lassen
und was soll's – du solltest bei mir sein.

Wenn du fort bist, werden Frühlingslieder
über Nacht zu einem langen Herbstgedicht
und es heißt, da draußen blüht der Flieder,
doch ich weiß, er blüht nicht ohne dich.

Wenn du fort bist, gut, ich geb es zu,
werd ich schon mal kitschig und banal,
und mein wahres Lieben wird im Nu
eigensinnig und sentimental.

Aber du bist fort, was soll ich tun?
Soll ich wohlig, lässig weiterleben,
Schwingtüren schwingen lassen im Saloon?
Schöner wär's, mit dir zu schweben.

Eigentlich will ich das gar nicht wissen,
denn ich bin mir selber Manns genug,
aber ich beginn dich schrecklich zu vermissen,
wenn du fort bist, bin ich auf Entzug.

Wenn du fort bist, ist nun mal das Leben
nicht von deinem Zauber koloriert
und auch du würdest jetzt alles geben,
was dich fort vom Fortsein zu mir führt.

Schlaflied

Schlaf ein, mein Kind, und sei nicht bang
und träum von stolzen Pferden,
sie kennen schon den Übergang
und jagen mit dir den Himmel entlang,
die weißen Sternenherden.

Schlaf ein, mein Kind, und fürchte nicht
Gespenster und Dämonen,
sie haben selber kein Gesicht
und scheuen deines Herzens Licht,
sie müssen dich verschonen.

Schlaf ein, mein Kind, die Welt wird kahl,
sie trägt schon Wintersachen,
da hilft kein Mantel und kein Schal,
es rettet sie aus ihrer Qual
nur noch dein liebes Lachen.

Schlaf ein, mein Kind, weih deinen Mund
nur jenen Melodien,
die einen schweben lassen und
dich selbst noch aus der Hölle Schlund
bis in den Himmel ziehen.

Stürmische Zeiten, mein Schatz

Stürmische Zeiten, mein Schatz, Hochzeit der Falken,
und um die Insel unserer Liebe giftet ein Sturm.
Lieder und Verse sind am Verkalken.
Die Hunde winseln. Seher fallen vom Turm.

Die Minister scharwenzeln verschleimt um die
                                  möglichen Sieger,
die Bürger fordern Ordnung und Zucht.

Denn Schuld sind wie immer die andern. Die Überflieger
ergreifen auf ihren Mantras schwebend die Flucht.

Unruhige Zeiten, mein Schatz, wo doch alles so klar war,
vierzig Jahre geregeltes Sein,
wo nach außen fast jeder Fürst oder Zar war,
und jetzt bricht dieses Weltbildgebäude so kläglich ein.

Ach, wer auf Häuser baut, den schreckt jedes Beben.
Wer sich den Banken verschreibt, den versklavt ihre
>Macht.
Wer seinem Staat vertraut, der muss damit leben,
dass was heute noch Recht ist, oft Unrecht wird über
>Nacht.

Aber dennoch nicht verzagen,
überstehn,
Leben ist Brückenschlagen
über Ströme, die vergehn.

Stürmische Zeiten, mein Schatz, doch oft tragen die
>Stürme
Botschaften fernerer Himmel in unsere Welt,
und es ist immer der Hochmut der prächtigsten Türme,
der allem voran in Staub und Asche zerfällt.

Es scheint fast, als drehte die Erde sich ein wenig
>schneller,
die Starrköpfigsten schielen wieder mal auf den Thron.
Jetzt rächen sich wohl die zu lange zu vollen Teller,
und manchem bleibt nur noch der Schlaf und die Träume
>des Mohn.

Unruhige Zeiten, mein Schatz, gut, dass fast immer
unsere Liebe in wilder Bewegung war,
mal ein Palast, oft nur ein schäbiges Zimmer,
schmerzvoll lebendig, doch immer wunderbar.

Und dennoch nicht verzagen,
überstehn,
Leben ist Brückenschlagen
über Ströme, die vergehn.

Mit Dank an Gottfried Benn für die Leihgabe

Für meinen Vater

Niemals Applaus, kein Baden in der Menge.
Und Lob, das nur vom kleinsten Kreise kam.
Und das bei einer Stimme, die die Enge
des Raumes sprengte, uns den Atem nahm.

Dein »Nessun' dorma« war von einer Reinheit,
die nur den Allergrößten so gelang.
Du blühtest nur für uns. Der Allgemeinheit
entzog das Schicksal dich ein Leben lang.

Und trotzdem nie verbittert, keine Klage,
du sagtest einfach, deine Sterne stehn nicht gut.
Doch gaben dir dieselben Sterne ohne Frage
die Kraft zur Weisheit und unendlich Mut.

Mir flog das zu, was dir verwehrt geblieben,
du hattest Größe und ich hatte Glück.
Du hast gemalt, gesungen, hast ein Buch geschrieben
und zogst dich in dich selbst zurück.

Du hast die Liebe zur Musik in mir geweckt
und ohne dich wär ich unendlich arm geblieben.
Du bliebst verkannt und hast dich still entdeckt,
ich war umjubelt und ich hab mich aufgerieben.

Das, was ich heute andern geben kann,
wäre nicht denkbar ohne dich.
Es ist dein unbeachteter Gesang,
der in mir klingt und nie mehr von mir wich.

Und meistens sagt man erst zum Schluss,
was man verdeckt in tausend Varianten schrieb:
Wenn ich an meinen Vater denken muss,
dann denk ich stets – ach Gott, hab ich ihn lieb.

Jetzt, da du Abschied bist

Jetzt, da du Abschied bist, nicht mehr Beginn,
verzehr ich mich nach dir wie nie zuvor,
entdeckt sich unsrer Liebe wahrer Sinn
und dass ich, was ich nie besaß, verlor,
jetzt da du Abschied bist, nicht mehr Beginn.

Dass immer erst ein Schrecken uns besinnt
und erst beim Abschiednehmen Tränen fließen,
und dass die Zeit so unser Leben weiterspinnt,
dass man nicht halten kann und kaum genießen
was flüchtig Wunder war und stets entrinnt.

Dass man die Liebe stets aufs Neue lernen muss
und immer nach dem Auseinandergehen
alles so klein wird, was Verrat war und Verdruss
und alles groß, was aus Verzauberung geschehen,
dass man die Liebe stets aufs Neue lernen muss.

Erst seit du Abschied bist, nicht mehr Beginn,
erahne ich, wie du mich immer fingst,
wenn ich verlor, was mich bestimmt und wer ich bin.
Dich lieben lernte ich erst, als du gingst,
erst seit du Abschied bist, nicht mehr Beginn.

Wo ist sie hin, die schwere, süße Tiefe
des ersten Rausches, wo die Euphorie?
Wenn sie mir einmal noch in die Umarmung liefe,
das Blut versengend, meine Fantasie

wieder zum Fliegen zwingen würde,
für Augenblicke von der Zeit befreit,
und selbst wenn man in diesen Augenblicken stürbe:
es wär das Tor entdeckt zur Ewigkeit.

Wenn sich der Rausch nur endlos steigern ließe,
von Körperenge nicht so streng bewacht,
doch scheinbar sind für uns die Paradiese
nur kurzes Wetterleuchten einer langen Nacht.

Dort aus den wohlgepflegten Parks sinken die Schatten
der Götter, die sich gern vergnügen,
an ganz bestimmten Sommertagen, fast schon matten,
dem Herbst geweihten, die so gerne lügen

als große schwarze Hände auf Fassaden
vornehmlich alter Villen, halten sich bereit,
um dann wie wild gewordene Kaskaden
die Stadt zu fluten mit der Dunkelheit,

die viele ängstlich Wolken suchen lässt,
wo schon seit Tagen keine Wolke war.
So wandelt sich auf einmal zur Gefahr,
was nichts als Abglanz ist von einem Fest

und einem Park und einer weiten Wiese.
Vermummte Wahrheit und aus einem Traum,
der sich bestimmt nicht träumen ließe
wär er nicht Wirklichkeit im Welteninnenraum.

Nur einmal noch im Rausch dorthin entrücken,
noch einmal sehen, was nicht sichtbar ist –
wie lange hab ich doch dieses Entzücken,
dies kurze Aufgehobensein vermisst.

Auf dass sich all die kargen Jahre zur Lawine ballen,
die mich der Welt entreißt, die wir verstehen.

Denn das Gedeutete will mir nicht mehr gefallen,
hab ich doch einen Herzschlag lang das Nichts gesehen,

den Urgrund allen Werdens, jeder Gärung,
woraus du dir die Schöpfung formen kannst
und deinen Himmel dir, die Gottheit und auch die
                                        Verklärung,
mit der du Rausch und Nacht und Lieb' und Leben bannst.

Ich und Goethe

Manchmal wär ich gerne weise,
möchte mild, vor allem leise
über Idioten lächeln,
nicht mehr hinter Mädchen hecheln.

Auf der Parkbank ab und an
ein Gespräch von Mann zu Mann
oder mit den Göttern scherzen,
all die großen, kleinen Schmerzen

aus dem Körper meditieren,
Jugendliche faszinieren
und selbst diese Eitelkeiten
lässig schwebend überschreiten.

Lächelnd mit dem Sensenmann
Sechsundsechzig spieln und dann

ungeniert das Spiel verlieren
und verklärt ins Grab stolzieren.

Leider lehrt uns die Geschichte,
dass entsprechende Berichte
zwar galant die Nachwelt schmücken,
doch die Wahrheit unterdrücken.

Denkt nur an den großen Meister
Goethe, Johann Wolfgang heißt er
der begann in hohem Alter
hinter Mädchen, wie ein Falter
in den letzten Sommertagen
greisengierig herzujagen.

Werd mich also weder weise
noch behutsam oder leise,
eher jammernd, tobend, kreischend
und vor Angst ins Betttuch scheißend
weigern, zitternd um mein Leben,
meinen Löffel abzugeben.

Und man mag es kindisch nennen,
hinter Röcken herzurennen,
wenn dir schon der Zahn der Zeit
jegliche Standhaftigkeit
sportlich oder überhaupt
eigentlich nicht mehr erlaubt
und ich will auch, ganz bescheiden
jede Anmaßung vermeiden,
doch ich fürchte, diese Nöte
teile ich dereinst mit Goethe.

Auf einmal scheinen mir viele Gesichter
der Menschen so, wie ich sie niemals sah.
So manche dunkle Züge werden lichter
und andere wiederum, die früher nah

Vertraute waren, verlieren ihr Gesicht
und sind dahinter ungeformt.
Verfehltes Nichts, aus dem nichts spricht,
das sich nach jedem Gegenüber normt.

Und andre wiederum, die ich kaum angesehen,
obwohl sie schon so lange an mich glauben,
werden verwandt und kommen ins Geschehen
und haben plötzlich Wut und Stolz in ihren Augen

und werden schön, lebendiger und dichter.
Wie kann dein Blick dir doch die Welt verdrehn.
Ich wünschte mir, mein Lieben ließ mich die Gesichter
der Menschen nur in diesem Zauber sehn.

Nach der Preisverleihung

(Kurt-Tucholsky-Preis 1995)

Quäl mich seit Stunden im Hotel,
wie kommt's, dass ich so ratlos bin,
bestimmte Augenblicke schwanden schnell,
die hielt ich gerne bis zum Morgen hin

nicht eingefasst, wie sonst, in Reime,
nicht ausgewiesen auf Papier,
nicht ausgedrückt, sondern als Keime
und ungeformt nur tief in mir.

Gern leb und schreib ich wie von Sinnen,
verschwende mich und geb mich aus,
nur, was oft andre dran gewinnen,
ist leider nie in mir zu Haus.

Die satten Stunden, selbst die blassen,
die ganze lieb gelebte Zeit
hab ich verdichtet, dann entlassen
in eine neue Wirklichkeit.

Soll das der Preis des Preises sein,
wird nichts, was glücklich macht, verziehn?
Kein Glück stellt sich für immer ein –
selbst Preise werden nur verliehn!

Von den Gärten

Mir träumte von Gärten, die blühen am Rand,
verdrängt von Felsen und Wiesen.
Sie sind ein anders geartetes Land
und in Führern nicht ausgewiesen.

Die Wiesen sind für die Kühe da,
man kann sie gut übersehen,
sie duften derb und sind immer nah
und man kann drauf mit Stiefeln gehen.

Meine Gärten entdeckt man im Nachhinein,
wenn man vorübergegangen,
und man muss schon ein guter Beobachter sein,
sie mit Augen anzulangen.

Ich liebe die Wiesen, das weite Feld,
die dummen und braven Kühe
und ich weiß wohl, wer Acker und Weide bestellt,
hat so seine rechte Mühe.

In den Gärten, geordnet von anderer Hand,
gedeihen der Menschen Seelen.
Ein goldenes, überirdisches Land,
nur von Herz zu Herz zu empfehlen.

Dort zieht es mich, glaub ich, schon lange hin
und sollte es mir einmal glücken,
dann will ich, so ich wahrhaftig bin,
auch meine Seele mir pflücken.

Entsorgung

Wohin mit dem Dreck?
Das ist doch wohl die Frage.
Derzeit.
»Entsorgung«
ist in aller Munde.
Löblich.
Immerhin:
Es tut sich was,
man beruhigt sich mit der
Drei-Tonnen-Trennungs-Philosophie.
(Neuerdings wird ja mit dem Wort Philosophie
wild gewuchert.
Vornehmlich in Fußballtrainerkreisen.
Als wollten sie sich rächen
für die Weigerung des Wortes, sofort und
ohne eigenes Zutun verständlich zu sein.)

Papier, Glas, Bio,
Bio, Glas, Papier.
Ein bisschen Metall,
ein bisschen Frieden,
ein kleiner Korn,
aber dann gleich wieder:
Glas, Bio, Papier
und das alles außer Landes
vor die Haustür unserer unversorgten Nachbarn.
Sorgsame Leute
mit einer guten Philosophie.
Philosophen eben.

Leute von morgen,
die sich mittels Entsorgen
ihrer Sorgen entheben.

Man munkelt gar:
Viele kaufen ja nur deshalb so wild um sich,
um anschließend ordentlich
entsorgen zu können.
Wer aber, frage ich,
kümmert sich
um die Entsorgung unserer Psyche?
Ich meine ganz konkret:
Was geschieht mit all dem Müll,
der tagein, nachtaus
in Form von Talkshows, Gameshows,
volkstümlichen, kuschelrockigen und poppig flockigen
          Hitparaden
über den armen Äther
in unsere armen Herzen gepeitscht wird?
Wer sorgt sich um den verbalen und musikalischen
          Müll?
Wer entsorgt die flotten Sprüche
der Rundfunkmoderatoren?

Welcher Prinz Eugen stellt sich dem Heer
der Gute-Laune-Meteorologen?
Welcher rächend rettende Engel
schaltet endlich dem nutzlosen Dasein
all dieser geldgierigen Ätherschänder den Strom ab?
Das ist permanenter
Wellenmissbrauch!
Als würde sich irgendetwas in diesem Universum

von selbst verlieren.
Welcher Gott wäre gnädig genug,
dieses Gestampfe,
das einem aus stolz geöffnetem Autofenster
                    entgegenschwappt,
im Himmel endzulagern?
Welche intergalaktische Eingreiftruppe
verteidigt uns gegen diese tönerne Invasion
der locker-flockigen Sendeanstalten,
die selbst meine Lieder noch spielen würden,
wenn sie Werbeeinschaltungen des
Kolumbianischen Medellin-Kartells bekämen?
Kein Angriff kann infamer sein –
denn selbst wenn wir uns tapfer weigerten,
die Empfänger einzuschalten –
wir würden weiter bombardiert.
Die Augen schließen genügt ja bekanntlich
auch nicht, um einen Haufen Scheiße
loszuwerden, den sie dir vor die Tür setzen.
Ich denke,
wir werden die Festungen der Flottmänner
erbarmungslos stürmen müssen.
Nach langjährigem Pazifistendasein
habe ich mich für die Aufrüstung entschieden:

Wir müssen aus Worten Tempel errichten
Bollwerke gegen den schlechten Geschmack.
Dem Gedudel antworten wir mit Gedichten.
Überhören muss man das geldgeile Pack.

Schreiten wir mit ganzen Sätzen
gegen die Wortvergewaltiger ein.

Auf ihren allgemeinen Plätzen
bleiben wir nur gemein allein.

Schlichtheit gegen das allzu Schrille
und die Kunst, mal abzudrehen.
Dann wird vielleicht der Klang der Stille
all dem Lärmen widerstehen.

Ich liebe dich nicht mehr so wild,
nicht mehr so ungestüm wie seinerzeit.
Doch unbemerkt verrann mir Bild um Bild,
in das ich bannte dich und deine Eigenheit.

Ich liebe dich, so wie man Blumen liebt,
die unbemerkt am Wegrand blühen,
wie einen Regenschauer, der uns Atem gibt
nach eines schwülen Sommertages Mühen.

Ich liebe dich schon fast wie einen Gott,
der unerkannt in meinen Tiefen wohnt,
dem man sich hingibt, trotzend allem Spott,
der niemals straft, der niemanden belohnt,

mit dem man eins ist auf verschiedne Weise
wie man mit Flüssen eins ist an bestimmten Tagen,
die einen streckenweise auf der Reise
nach Hause durch die Jahre tragen.

Und manche müssen unbesehen
und immer wieder unerhört
und groß in ihrem Schicksal stehen,
das so vereinsamt, dass es nicht mal stört,

das einen leiden lässt auf stille Weise,
manche von Kindesbeinen an,
und ebendiese Menschen stehen leise
und immer in der letzten Reihe an,

so als entschuldigten sie sich für ihre Not,
nur um die Glücklichen nicht zu verwirren,
und teilen Liebe, Schmerz und Brot
und lassen sich von allem nicht beirren,

dass man den aufgetragnen Weg beschreitet,
und wissen auch im Leid zu strahlen,
weil sie allein, doch niemals unbegleitet
der Gottheit näher sind und ihren Qualen.

Und wenn sie sterben, gehen sie ganz leise
wie einer, der nur kurz nach draußen geht,
als wär es unverschämt, dass ihre Reise
nun endlich unter einem neuen Zeichen steht.

Zeit der Verwandlung, Zeit zu vergehen,
halte die Stunden fest.
Um aus der Asche neu aufzuerstehen,
bleibe kein dunkeler Rest.

Erst aus der Wandlung wird sich verklären,
was sich dem Tode geweiht,
all die verzehrenden Stunden wären
sonst sinnlos vergeudete Zeit.

Abschied von Tränen und Heldentaten,
Abschied von ich und wir.
Lockre die Erde, halte den Spaten bereit
und versöhn dich mit ihr.

Du liebst und die Naturgewalten
werfen dir ihre Zügel hin.
Die Zeit wird für dich angehalten
und alles blüht in neuem Eigensinn.

Die Welt beschließt, sich wieder neu zu träumen,
und jeder Monat reimt sich nun auf Mai.
Es fallen Federbetten aus den Nadelbäumen
und aus dem Einerlei erwachen zwei.

Die Winde wiehern voll Vergnügen,
weil ihnen du die Peitsche gibst.
Trink nur die Welt in vollen Zügen:
Sie muss einst enden, doch du liebst.

Du liegst so voller Sehnsucht und Vertrauen
in deinen Arm geschmiegt. Ich atme kaum.
Es tut schon gut, dich einfach anzuschauen,
um kurz nur eins zu sein mit deinem Traum.

Du schläfst. Man muss dich nicht bewachen.
Wer so sich schenkt, ist immer gut bewacht.
Du schaffst es selbst im Schlaf, mich anzulachen,
als gäb's nur uns und keine Niedertracht.

Jetzt weiß ich erst, dass ich mir all die Jahre
verboten hatte, was so glücklich macht,
und es entdeckte sich das Wunderbare
nur kurz als Sternenflimmern in der Nacht.

Das Possenspiel um Abschied, Zwist und Paarung
raubt manchem oft die Lust am Neubeginn.
Was für ein Glück nur, dass ich aus Erfahrung
vielleicht erfahren, doch nie klug geworden bin.

Du schläfst, jetzt kann ich dir's ja sagen:
ich bin im Lieben gar nicht so versiert.
Geliebt zu werden hab ich gern ertragen.
Statt mich zu führen aber hab ich meist verführt.

Bist du bereit? Wolln wir uns fallen lassen?
Befrein von jeglicher Verlegenheit?
Anstatt uns dem Berechenbaren anzupassen,
erlieben wir uns jetzt die Ewigkeit.

Mutter

Oft schnürte mir die Strenge deiner Liebe
wie eine Last den Hals. Die Tür fiel zu.
Mir war so bang, dass mir für mich nichts bliebe,
vielleicht stiehlt uns das heute noch die Ruh'.

Es tat dir weh, wie ich dich oft verbannte,
um jeden buhlte und dich übersah,
den Süchtigen versucht das Unbekannte,
du warst so selbstverständlich einfach da.

Du warst die Mutter. Die war mein Gewissen.
Was dich bewegte, sah ich lange nicht.
Wie einstmals Gott hab ich dich töten müssen,
jetzt könnt ihr auferstehen im Gedicht.

Es war doch immer nur die eigne Enge,
die mich so oft nicht weiter werden ließ.
Nur so verstummen Verse und Gesänge,
so schwindet der Geschmack vom Paradies.

Du bist dein Eigen. Und nur du
kannst mit kaputtem Rücken gehn.
Die Lügner sehen unbeholfen zu,
die können nicht mal grade stehn.

Da hast du dich schon lang befreit,
wo andre nach Befreiung schrein,
die huren mit dem Geist der Zeit,
du wirst du selbst für immer sein.

Du warst da groß, wo andre meist versagen,
und hast dich nie verkauft für schnöden Lohn,
und solltest du mich wieder schwer ertragen,
vergiss nur nicht: Ich bin dein Sohn.

Dass ich nicht fiel, verdank ich dir,
mein Dichten fällt auf dich zurück,
du lobst, verzweifelst auch in mir,
du leihst mir den geraden Blick.

Und nun so sich die Wunde schließt,
die du mir warst, die ich dir schlug,
jetzt wo du vieles leichter siehst,
was sich so schwer mit dir vertrug,

bitt ich, dass dich, nein dass uns beide
dein Engel einst nach Hause führt,
und dass Erinnerung, die leide,
nun als Vergessen an dich rührt.

Zwischenberichte

alles Geschriebene ist höchstens ein
Zwischenbericht
nichts Endgültiges
nichts Niegesagtes
nichts was bleibt
Flüchtigkeitsformeln

Besitzansprüche ungeklärt
manchmal Zeichen setzend
verwischte Wegweiser
Begleiterscheinungen
Hinweis auf Größeres
schwer auszusprechen
Bruchstücke einer großen Konfession
abwartendzwischendrin

Von der Schwäche

Wenn du, Freund, in satten Stunden
manchmal stille Einkehr spürst,
meist zu kurz, um Herrenrunden
zu verstören und du rührst

lieber an bekannte Witze
(wer dies schreibt, kennt das so gut)
dann, ich rate dir, stibitze
diesen Herrn den hohen Mut.

Lass sie ruhig etwas darben,
zwinge sie nur in die Ruh.
Besser zeigst du dich mit Narben,
umso besser bleibst du du.

Nie mehr will ich mutig scheinen
oder voll von Energie,

wenn's in mir beginnt zu weinen
und es nagt die Elegie

schon an meinen Spaßtiraden.
Ach, ich hab das Starksein satt.
Der gereicht der Welt zum Schaden,
der nicht auch der Schwäche hat.

Liebeslied

Was soll ich, mein Lieb, berichten,
du allerschönste Frau?
Wie sich meine Tränen schichten,
dass die Nachmittage blau?

Dass der Hauch nur des Gedankens,
dich zu kosen Höllenqual,
dass ich voll des bangen Schwankens,
leblos bin und doch vital?

Dass mich jede Nacht dein Weinen
tröstet und zugleich zerfrisst,
dass mit dir mich zu vereinen,
Sucht und Wahn und Schicksal ist?

Was kann ich, mein Lieb, dir schreiben,
wo man uns vom Leben trennt,
dass wir treu uns immer bleiben –
ja, ich mal's ans Firmament:

Du bist meiner Seele Sehnen –
Liebe – gib mich nie mehr frei
und, ach, unser beider Tränen
reiße niemand mehr entzwei.

Eine Angelegenheit der Endorphine,
Irritationen im limbischen System,
das menschliche Hirn, sagen sie,
will sich nun mal nicht mit dem Sterben abfinden.

Mystische Verzückung,
Erleuchtung,
die Gnade Gottes
nur eine Hirnlappenepilepsie.

Meister Eckehart,
ein Meister der Selbsttäuschung,
nach dem Tod wird's schwarz,
sonst nichts.

Denen wird es wohl schwarz werden,
denk ich mir.
Ich will mir weiterhin
meinen Himmel erschaffen.

Ach, es regnet und es lassen
sich die Tropfen so viel Zeit,
so als könnten sie's nicht fassen,
dass sie in der Nüchternheit

eines kurzen Spritzers endlich
und ganz glanzlos sterblich würden,
und so durch und durch verständlich –
ein Finale ohne Hürden.

Und was ging dem nicht voraus:
Stürme und Zusammenballung
und noch immer geht's nicht raus,
wartend in der Wolkenstallung.

Manchen hält's nicht mehr, er muss
und zerspritzt noch auf der Stelle,
schwingt sich nicht als Regenguss
rauschend ins vermeintlich Helle.

Mancher mengt sich einer Quelle
stolz und selbstverständlich bei,
tritt nicht lange auf der Stelle,
gibt sich hin und fließt sich frei.

Andre freilich müssen's dulden
zu verdorrn im öden Land,
so als müssten sie entschulden,
was der Schöpfer schlecht erfand.

Jeden treibt's nach seinem Wesen
lustvoll in den Untergang.

Tropfen bin ich schon gewesen.
Enden will ich als Gesang.

Entzündet vom Weltenbrand,
ins Ich gepflanzt,
ewig in Rhythmen gebannt,
aus Klängen gestanzt,

tauchst in die Fluten du ein,
bis alles erlischt.
Würdest gern Brandung sein,
endest als Gischt.

Dem Ganzen entzweit, doch ganz
auf dich gestellt,
bleibt nur dein brüchiger Tanz
auf den Wogen der Welt.

Und dieser Taumel, der Trott,
der so verzehrt,
nur weil sich irgendein Gott
durch dich erfährt?

Trotzdem: was hält dich im Spiel,
welcher Verdacht
leiht dir noch Licht und Ziel
in deiner Nacht?

Welches geheime Wort,
äonenfern,
schwingt sich im Geiste fort
durch Stunde und Stern?

Weshalb auch mancher Moment,
liebeverwebt,
der dir auf einmal bekennt,
warum es dich lebt?

Und so lugst du am Bug,
fährst nie im Hafen ein,
als wäre es Gnade genug,
Segel im Winde zu sein.

Ach, so schwankend hin und her,
jeden Strohhalm greifend,
umso älter, umso mehr,
durch die Geistwelt streifend,

transzendierst dich, unentgeltlich,
sehnst dich ins gelobte Land
und dann trifft dich, äußerst weltlich,
eine Zärtlichkeit am Strand.

Und du leckst dir Meer und Sonne
von dem heiß begehrten Leib,
überflutet von der Wonne
dieses Wunders, Mann und Weib,

wissend, es ist wirklich wichtig,
dass man sich nach Geist verzehrt.
Doch das alles wird so nichtig,
wenn die Stunde dich verklärt.

Auch du willst dich aufbereiten,
dass, nachdem du abgebüßt,
etwas beim Hinüberschreiten
deinen Leibestod versüßt.

Auch du sehnst dich nach Theose,
bis du im Nirwana tanzt.
Aber auch das Hemmungslose
hat ein Gott in dich gepflanzt.

Wissend, hinter Traum und Wachen
liegt die eigentliche Welt.
Doch auch dies – es ist das Lachen,
das uns in Bewegung hält.

Schlaflied für Valentin und Tamino

Jetzt fallen schon den Blümelein
die Augen zu
und auch der letzte Sonnenschein
legt sich zur Ruh.

Es deckt die liebe Nacht den Wald
und auch die Wiesen zu.
Sie freun sich auf den Schlaf und bald –
bald schläfst auch du.

Es ist ein Singen in der Welt,
ein Zauberklang,
der jede Nacht vom Himmel fällt,
dein Leben lang.

Alleine nur für dich bestimmt,
nur deine Melodie.
Und nur wenn du zu träumen lernst,
entdeckst du sie.

Noch wachen tausend Engel zärtlich
über deiner Nacht.
Und ihre Flügel schützen
deine Seele sacht.

Mir zeigen sie sich nicht mehr,
doch ich sehe sie in dir.
Und wenn ich dir ganz nahe bin,
dann nähern sie sich mir.

Es drückt das ganze Sternenzelt
dich liebevoll ans Herz.
Für kurz verlässt du diese Welt
und träumst dich himmelwärts.

Und deine Seele schwingt sich jetzt
zurück ins Paradies,
das sie, nur um bei uns zu sein,
verließ.

Wut und Zärtlichkeit

2000–2012

Novemberlied

Jetzt pöbeln die Novemberwinde
aufs Neue herzlos durch das Land.
Die Windsbrautbrut und ihr Gesinde
sind wieder außer Rand und Band.

Die Dichter treibt es nun in Scharen
durch die Alleen hin und her.
Und ich durfte es auch erfahren:
In mir novembert es schon sehr.

Der Winter steht nun unerlässlich
vor mir und meines Lebens Tür.
Jetzt wär ich wirklich gern vergesslich.
Das bin ich – nur nicht jetzt und hier.

Melancholie. November eben.
Die Sonnenstunden werden knapp.
Grad übte man sich noch im Schweben.
Nun stürzt man mit den Blättern ab.

Man könnte sich aufs Schlittschuhfahren
und auf Kastanienfeuer freuen,
würden nicht nach so vielen Jahren
gewisse Depressionen dräuen.

Man könnte auch der Agonie
mit Übermut den Rücken kehren,

mit Festen und mit Räuschen, die
gewisser Reize nicht entbehren.

Nur kennt man das schon allzu gut.
Man hat sich so oft abgelenkt.
Es fasst im Frühling der nur Mut,
der sich im Herbst auch Trauer schenkt.

Melancholie. November eben.
Der Herbst zieht in die Herzen ein.
Es gibt auch Gründe, nicht zu leben.
Sie müssen ja nicht triftig sein.

Alles das und mehr

Sie wagt zu weinen mittendrin,
ein Stachel, scheinbar ohne Sinn,
schreibt ohne Rücksicht auf Gewinn die tiefen Lieder,

zwar meistens wird sie überdeckt,
hinter Betriebsamkeit versteckt,
doch aus der Tünche taucht sie immer wieder.

Wohin du fliehst, sie beißt und nagt,
gibt keinen Frieden, hinterfragt,
die Professoren nennen's Depressionen.

Dann hast du Angst, allein zu sein,
und sperrst dich in Gemeinschaft ein
und würdest lieber in dir selber wohnen.

Du spürst, sie will, dass man sich stellt,
vor allem dem, was nicht gefällt,
und du erkennst bald, deine Seele ist nur Leergut.

Wohin du flüchtest – du verbrennst,
wenn du sie nicht beim Namen nennst,
die Schwester deines Glücks – die Schwermut.

Ach, wir verwechseln Sinn und Zweck
und cremen uns die Falten weg,
bewundern einzig und allein den eignen Nabel.

Egal wer dieses Spiel verliert,
wir bleiben gierig, ungeniert,
entscheidend ist: die Welt ist profitabel.

Doch wie du dich auch noch bemühst,
vor Eigennutz im Zorn erglühst,
um alles auf dein Weltbild zu beschränken,

sie ist es, die, noch wenn man stirbt,
den letzten Atemzug verdirbt,
um deinen Blick von dir auf andere zu lenken.

Du spürst, sie will, dass man sich stellt,
vor allem dem, was nicht gefällt,
wenn du sie nicht mehr fühlst, dann bist du tot.

Selbst wenn du flüchtest, du verbrennst,
wenn du sie nicht beim Namen nennst,
denn sie ist weiter in der Welt – die Not.

Wer seine Werte selbst bestimmt
und wer sich auf sich selbst besinnt,
ist marktwirtschaftlich nicht mehr zu gebrauchen.

Das ist nicht gern gesehn zurzeit.
Verdient wird an Beliebigkeit,
und schließlich muss der Schornstein immer rauchen.

Deshalb bleibt manches Lied gezielt
sich selbst umkreisend ungespielt.
Es könnte beim Verdrängen stören.

Und doch, wir können nicht umhin,
wir ahnen es tief in uns drin:
Es ist gefährlich, zu oft wegzuhören.

Du spürst: es will, dass man sich stellt
und nicht nur dem, was dir gefällt.
Es bleibt nur dies: Du musst dir alles geben.

Und wenn du flüchtest, du verbrennst,
wenn du es nicht beim Namen nennst.
Denn alles das und mehr: Das ist das Leben.

Vaterland (2001)

Was ist das nur, ein Vaterland –
in welchen Grenzen wohnt es,
in denen wie vor hundert Jahrn?
Wen hasst es, wen verschont es?

Und was verbindet uns mit ihm,
sein Reichtum, seine Siege?
Wie schnell hat man ihm doch verziehn
die Toten und die Kriege.

Was lässt mich stolz sein auf ein Land,
nur weil es nicht so arm ist
wie andre, wo's vielleicht dafür
dem Volk im Herzen warm ist?

Und hätte nicht ein Mutterland
– ich weiß, das gibt es nicht –
für alle, die ihm anvertraut,
ein lieberes Gesicht?

Was ist das nur, ein Vaterland?

Was ist das nur, ein Vaterland,
ist es dein Fleisch und Blut?
Macht es dir, wenn du rebellierst,
zum freien Denken Mut?

Ist es ein Vater, der dich stets
auch über Klippen führt,

oder ein sturer alter Mann,
der dir den Hals zuschnürt?

Willst du an dieses Vaters Hand
wirklich in schweren Zeiten
voll Zuversicht zu diesem Band
durch Höhn und Tiefen schreiten?

Liebt dich denn dieser Vater auch?
Wie wirst du ihn beerben?
Lässt er dich ohne Eifersucht
wirklich erwachsen werden?

Vom Untertan zum Bürger werden?

Genügt es denn, nur Kind zu sein,
dass man sich erst beschwert,
wenn einen dieser Vater Staat
nicht wie gewohnt ernährt?

Und müssten wir nicht endlich auch
den Vater uns erziehen,
ihn fordern mit Ideen, mit
Visionen, Utopien?

Was soll das noch, ein Vaterland
in den vernetzten Zeiten?
Wollen wir denn wirklich immer noch
um Blut und Rasse streiten?

Nicht spreche ich von Heimat,
ihren Kindheitszauberorten,

den Klängen, den Gerüchen,
all den wohlvertrauten Worten.

Und Heimat ist doch überall,
wo man sich damit segnet,
dass man, für Augenblicke nur,
sich endlich selbst begegnet.

Nur dieses arg missbrauchte Wort
lässt sich für mich nicht fassen.
Ich kann den Ausdruck Vaterland
nicht lieben und nicht hassen.

Und glaubt mir, Freunde, mir genügt
mein Vater zur Genüge.
Ein ganzes Land als Vater war
schon immer eine Lüge.

Allein

Da waren doch so viele Tage
und sie verflogen im Nu.
Und jetzt bleibt die quälende Frage:
Wozu?

Wozu nur dieses Gegockel
und all die Angeberein.
Am Ende fällst du vom Sockel.
Allein.

Alleine mit deinen Migränen,
trotz Rente und Zugewinn.
Es fehlte den Lebensplänen
der Sinn.

Askese und Ekstase,
du warst nie wesentlich.
Nur eine Seifenblase:
dein Ich.

Das meiste war unverständlich,
trotz Stunden des Lichts.
Wie alles zerfällst du letztendlich
in nichts.

Warum sich ans Leben krallen,
lass aus und lass dich ein.
Du findest nur im Zerfallen
dein Sein.

Variationen über ein Gedicht von Erich Fried

So friedliebend bin ich nun wieder nicht,
dass ich meinen Frieden mache mit den Kriegen
und mit denen,
die Kriege führen,
und mit denen, die Kriege führen, um Frieden zu
                                        machen.

Aber Steine werfe ich keine,
denn mich dauern die Steine,
die man würfe gegen jene,
die Kriege machen
und denen Kriege so selbstverständlich geworden sind,
dass ihnen Frieden nur mit Krieg
erreichbar scheint.

Frieden ist nicht einfach ein Zustand zwischen zwei
                                                         Kriegen,
sondern die Überwindung des Kriegs
und des Kriegerischen in uns.
Und so friedliebend bin ich nun wieder doch,
mich überwinden zu wollen,
um meinen Frieden zu machen mit dem Krieger
in mir.

Was immer mir der Wind erzählt

Es duftet nach Akazien und
dein Lächeln duftet auch.
Die Winde meinen's gut mit uns,
die Welt nimmt uns in Kauf.

Wir reden nicht, wir schweigen nicht,
wir sind ganz einfach da.
Wir spiegeln uns im Sommerlicht
und sind uns nah.

Als hätt ich dich noch nie gesehn,
verwirrt mich dein Gesicht.
Die Zeit mag ruhig zugrunde gehn.
Wir tun es sicher nicht.

Wir geben uns ganz absichtslos
und ohne tiefren Sinn
wie Wolken unterm Himmel ziehn
der Liebe hin.

Was immer mir der Wind erzählt,
der Mond und mein Klavier:
Sie singen nur das eine Lied,
sie singen nur von dir.

Sie kannten dich schon vor der Zeit,
bevor die Welt entstand.
Dein Name ist in jeden Baum,
in jeden Fels gebrannt.

Es gibt so viele Lieder über
diesen Augenblick,
voll Schwülstigkeit und Flieder und
mit wehem Blick zurück.

Doch all die schweren Worte,
sie sind nichts als gut gemeint.
Sie können nicht beschreiben,
was uns beide eint.

Das Laute schweigt, die Stille tönt.
Ich weiß nicht wer ich bin.

Und alles ist so unbestimmt
und sinnvoll ohne Sinn.

Die Welt ist wohl aus Nichts gemacht,
ganz leicht, wie nebenbei.
Und ohne dich bricht diese Welt
ganz sicherlich entzwei.

Was immer mir der Wind erzählt,
der Mond und mein Klavier:
Sie singen nur das eine Lied,
sie singen nur von dir.

Sie kannten dich schon vor der Zeit,
bevor die Welt entstand.
Dein Name ist in jeden Baum,
in jeden Fels gebrannt.

Es duftet nach Akazien und
dein Lächeln duftet auch.
Die Winde meinen's gut mit uns,
die Welt nimmt uns in Kauf.

Wir reden nicht, wir schweigen nicht,
wir sind ganz einfach da.
Wir spiegeln uns im Sommerlicht
und sind uns nah.

Dem Mond entgegen

Er hat den Namen abgelegt wie einen Ranzen
und was dazugehört: den Pass, das letzte Geld.
Er wollte nicht mehr mit den andern tanzen –
und keinen Aufstand, denn er war kein Held.

Als er davonging, bellten ein paar Hunde,
und nebenan gingen die Lichter aus.
Er drehte ohne Grund noch eine Runde,
dann ließ er sich zurück in seinem Haus.

Er aber ließ sich los und sprang, befreit
von sich und all dem, was er hinterlassen,
dem Mond entgegen, der bereit
und nah war, fast schon anzufassen.

Und so wie Winde durch die Straßen jagen,
lief er dem neuen Leben hinterher,
begann, sich mit dem Dasein zu vertragen –
und man kann sagen: er genoss das sehr.

Was hat man nicht versucht, aus ihm zu machen.
Was hat man doch vergebens investiert.
Das Leben fängt an, richtig Spaß zu machen,
wenn man auf einmal nicht mehr funktioniert.

Ein Name blieb zurück und eine
codierte Nummer auf gestempeltem Papier.
Die war noch ein paar Tage sehr alleine,
dann wurde sie entdeckt und archiviert.

Er aber lebte herrlich und verschont
von Bürokraten, Akten und Devisen.
Genaueres weiß man nicht – auch ob der Mond
sich von ihm fassen ließ, ist nicht bewiesen.

Wieder im Leben

Wieder im Leben,
wieder dabei.
Jahre des Wandels,
der Einsiedelei.

Stürme und Flauten.
Nur eines ist klar:
Alles ist anders –
und doch wie es war.

Seltsamer Handel.
Was drängt dich zum Sein?
Leidvoll die Lüste.
Meistens allein.

Irgendwas hält dich.
Doch es tut weh:
Dieses Werde und Stirb.
Dieses Blüh und Vergeh.

Trotzdem, ein Windhauch
genügt zu verstehn.
Bäume im Nebel.
Verzauberte Seen.

Zärtliche Worte.
Du fühlst dich vereint.
Aber wann bist schon
du gemeint?

Jahre des Wandels,
der Einsiedelei.

Stürme und Flauten.
Nur eines ist klar:
Alles ist anders –
und doch wie es war.

Trotzdem: du hältst dich,
vom Atmen verführt.
Hast manchmal wirklich
Dasein gespürt.

Wieder im Leben,
noch ist nicht genug.
Bring es zu Ende.
Leere den Krug.

Wieder im Leben,
noch ist nicht genug.
Bring es zu Ende.
Leere den Krug.

Schlendern

Einfach wieder schlendern,
über Wolken gehn
und im totgesagten Park
am Flussufer stehn.

Mit den Wiesen schnuppern,
mit den Winden drehn,
nirgendwohin denken,
in die Himmel sehn.

Und die Stille senkt sich
leis in dein Gemüt.
Und das Leben lenkt sich
wie von selbst und blüht.

Und die Bäume nicken
dir vertraulich zu.
Und in ihren Blicken
findst du deine Ruh.

Muss man sich denn stets verrenken,
einzig um sich abzulenken,
statt sich einem Sommerregen
voller Inbrunst hinzugeben?

Lieber mit den Wolken jagen,
statt sich mit der Zeit zu plagen.
Glück ist flüchtig, kaum zu fassen.
Es tut gut, sich sein zu lassen.

Einfach wieder schlendern,
ohne höhren Drang.
Absichtslos verweilen
in der Stille Klang.

Einfach wieder schweben,
wieder staunen und
schwerelos versinken
in den Weltengrund.

Einfach wieder schlendern,
über Wolken gehn
und im totgesagten Park
am Flussufer stehn.

Mit den Wiesen schnuppern,
mit den Winden drehn,
nirgendwohin denken,
in die Himmel sehn.

Gelebtes Leben

Oliven im Lichterwirbel,
unersättliches Blau,
Hügel, sanft sich verbeugend,
Rosen. Allerleirauh.

Schwirrende, flirrende Gäste,
Thymian und Wein.
Falter feiern Feste.
Südwinde laden sie ein.

Es sind die letzten Stunden,
Herbst im Sommergewand.
Keine Zeit zum Gesunden.
Sensen ziehn übers Land.

Bald wirst du dich verweben
mit Winter, Tod und Eis.
Doch für gelebtes Leben
braucht's keinen Beweis.

Alles muss heiliger Tanz sein,
Liebe und Lust und Streit.
Wenigstens muss es ganz sein,
dann bin ich bereit.

Ich hasse die halben Sachen,
sie öden mich schrecklich an.
Leben ist lieben und lachen
und sterben dann und wann.

Du gib dich mir im Ganzen
und tanze dich in mich hinein.
Auch ich werd mich in dir verschanzen,
um gänzlich glücklich zu sein.

Doch schon nach wenigen Stunden
lassen wir uns wieder los
und tanzen unumwunden
in einen anderen Schoß.

Die Liebe will immer frei sein,
sie fügt sich keinem Gebot.
Auch wenn du noch so klammerst
in deiner Wüstennot –

wer frei sein will, befreie!
Liebe, dann wirst du geliebt.
Willst du Vergebung? Verzeihe!
Und empfangen wird nur, wer gibt.

Gefrornes Licht

Wenn durch den Dom von sommergrünen Bäumen
die Lichter wie ein Segen niedergehn
und als Kristalle in den Zwischenräumen
von Laub und Ast und Himmel stehn,

da ahnst du, dass, was scheinbar fest gefügt
und uns sich als die Wirklichkeit erschließt,
nichts als ein Bild ist, das sich selbst genügt,
durch das verträumt ein großer Atem fließt.
Du magst es greifen, du begreifst es nicht.
Was du auch siehst, ist nur gefrornes Licht.

Wenn sich in solchen seltnen Stunden
des Daseins Schönheit leise offenbart,
weil sich – sonst nie so leicht verbunden –
das Ahnen mit Erleben paart,

dann zögre nicht, dich zu verwandeln,
nimm diese Stunde tief in dich hinein.
So aus der Zeit erübrigt sich das Handeln
und in der Leere offenbart sich erst dein Sein.
Du magst es greifen, du begreifst es nicht.
Was du auch siehst, ist nur gefrornes Licht.

Quassim heißt die schöne Blume,
und Quassim, diese schöne Blume Ägyptens,
fuhr mich vom Flughafen nach Hause
in seinem Taxi.

Und Quassims schöne Augen strahlten wie Amethyst
und spiegelten den Glanz der Revolution wider,
den Glanz der Gewaltfreiheit und der Liebe.

Er erzählte mir von seinem Bruder
und wie er wie durch ein Wunder Mubaraks Schergen
                                            entkam,
und von den tapferen Frauen seines Landes,
und dass auch er geglaubt habe,
die Diktatur wäre auf ewig in Stein gemeißelt
wie die Inschriften der Pyramiden.

Und er sprach von der Freude über jeden Vers der
                              Solidarität,
gerade auch aus Deutschland, diesem Land, in dem er so
                              gerne lebe,
und von der Enttäuschung über die leeren Worthülsen
                              der Politiker,
die nicht den Mut hatten, sich von ihrem Folterknecht
                              öffentlich
                              loszusagen.

Und dann umarmten wir uns. Denn diese Revolution ist
                              auch unsere,
und wir sind Ägypter und Tunesier und Libyer in diesen
                              Tagen.

Es ist ein Aufstand
des Lächelns gegen die Starrheit,
des Weiblichen gegen das Unerbittliche,
der Naiven gegen die Abgebrühten.

Und auch wenn die Revolution der Liebe
noch lange dauern wird –
auch Revolutionen müssen lernen –,
dieses Kapitel der Geschichte ist geschrieben
und kann nicht mehr getilgt werden
aus dem Gedächtnis der Menschheit.

Wut und Zärtlichkeit

Mit dem Alter und der Plage
stellt sich irgendwann die Frage:
Ist es besser zu erkalten,
lässt man alles schön beim Alten?

Soll man sich die Wunden lecken,
legt sich in gemachte Betten,
statt die Kissen mit Gefühlen
alten Trotzes aufzuwühlen?

Oder kann man immer weiter
wachsam sein und dennoch heiter,
soll man weiter revoluzzen
oder doch Laternen putzen?

Kann man wütend sein und weise,
laut sein und im Lauten leise,
macht gerechter Zorn nicht müde,
ist vielleicht nur Attitüde?

Eines fügt sich doch zum andern,
nichts besteht für sich allein.
Flüsse, die getrennt mäandern,
leiben sich dem Meere ein.

Gut poliert erscheint das Schlechte
oft in einem Strahlenkranz.
Sei ein Heiliger, ein Sünder,
gib dir alles! Werde ganz!

Hab mich niemals an Gesetze,
Dogmen oder Glaubenssätze,
Führer, höhere Gewalten
ohne Widerspruch gehalten.

Und mich führn auf meiner Reise
zum Verstehen viele Gleise.
Zwischen Zärtlichkeit und Wut
tut das Leben richtig gut.

Menschen müssen sich verändern,
um sich selber treu zu sein.
Nur das Wechseln von Gewändern
kann kein wahrer Wandel sein.

Mancher sagt: Nur meditieren,
essen, was zum Boden fiel,
sich im Ganzen zu verlieren,
sei das wahre Lebensziel.

Andre ritzen ihren Armen
Hass und Rache blutig ein.
Sie sind viel zu schwer verwundet,
um im Herzen ganz zu sein.

Andre wiederum marschieren,
Fahnen werden stolz gehisst.
Und auch sie werden verlieren,
weil kein Sieg beständig ist.

Eines fügt sich doch zum andern,
nichts besteht für sich allein.

Flüsse, die getrennt mäandern,
leiben sich dem Meere ein.

Gut poliert erscheint das Schlechte
oft in einem Strahlenkranz.
Sei ein Heiliger, ein Sünder,
gib dir alles! Werde ganz!

Hoch gestiegen, tief gefallen,
zwischen Geistesblitz und Lallen
bin ich auf dem Weg zum Lieben
meinem Innern treu geblieben.

Denn mich führn auf meiner Reise
zum Verstehen viele Gleise.
Zwischen Zärtlichkeit und Wut
fasse ich zum Leben Mut.

Schwanengesang

Du bist eine andre geworden.
Ich kenne dich nicht mehr.
Bin nicht mehr in dir geborgen,
und es fällt unendlich schwer.

Dass Menschen sich wandeln, weiß ich.
Ich selbst bin ein ewiger Fluss.
Und dennoch ist es schmerzhaft,
wenn man loslassen muss.

Wann hat sich der Schritt vollzogen?
Passiert so was über Nacht?
Wann haben wir uns belogen?
Was haben wir nicht bedacht?

Wir haben es beide kommen sehn
und wollten es beide nicht wissen.
Und doch: es wühlte sich Nacht für Nacht
in unsre durchweinten Kissen.

Keiner hat schuld daran, dass es geschehen,
nichts, was bleibt und sich hält.
Sterben und wiederauferstehen
ist das Wesen der Welt.

Du willst ein Schmetterling werden.
Schon die Raupe liebte ich sehr.
Doch schließlich muss alles sterben
und ich taumle hinterher.

Ich kann dich nicht mehr fangen.
Ich bin nicht mehr dein Licht.
Du bist schon lange gegangen,
ich wusste es nur noch nicht.

Ich wünsch dir kräftige Flügel
und ein zaubrisch buntes Gewand.
Wirf sie nur fort, die Zügel,
nimm dich selbst bei der Hand.

Ich werde dich staunend begleiten
und versuchen zu verstehen.

In deine neuen Weiten
lass ich dich liebend gehen.

Das ist der Lauf der Dinge.
Sie dulden keinen Zwang.
Und wovon ich heute noch singe,
ist morgen schon Schwanengesang.

Wir haben es beide kommen sehn
und wollten es beide nicht wissen.
Und doch: es wühlte sich Nacht für Nacht
in unsre durchweinten Kissen.

Keiner hat schuld daran, dass es geschehen,
nichts, was bleibt und sich hält.
Sterben und wiederauferstehen
ist das Wesen der Welt.

(Entzündet vom) Weltenbrand

(Neufassung)

Entzündet vom Weltenbrand,
ins Jetzt gepflanzt,
ewig in Rhythmen gebannt,
aus Klängen gestanzt,

tauchst in die Fluten du ein,
bis alles erlischt,

würdest gern Brandung sein,
endest als Gischt.

Dem Ganzen entzweit, doch ganz
auf dich gestellt
bleibt nur dein brüchiger Tanz
auf den Wogen der Welt.

Und du erinnerst den Ton,
den großen Gesang,
dem vor Urzeiten schon
dein Wesen entsprang.

Trotzdem: was hält dich im Spiel?
Welcher Verdacht
leiht dir noch Licht und Ziel
in deiner Nacht?

Welches geheime Wort,
äonenfern,
schwingt sich im Geiste fort
durch Stunde und Stern?

Weshalb auch mancher Moment,
liebeverwebt,
der dir auf einmal bekennt,
warum es dich lebt?

Und so lugst du am Bug,
fährst nie im Hafen ein,
als wäre es Gnade genug,
Segel im Winde zu sein.

Entzündet vom Weltenbrand
ins Jetzt gepflanzt,
ewig in Rhythmen gebannt,
aus Klängen gestanzt,

tauchst in die Fluten du ein,
bis alles erlischt,
würdest gern Brandung sein,
endest als Gischt.

Der Virus

Mitten in der Vorstandssitzung war es,
als einen von dem Pack der Wahn befiel,
sich auf einmal gänzlich frei zu machen.
Er zeigte alles – und das war nicht viel.

Alle andern Herrn warn erst verstört,
doch er war nun mal der erste Mann im Haus,
und obwohl es sich nun wirklich nicht gehört,
zogen sich gehorsam alle andern aus.

Nein, das war kein wirklich schöner Anblick.
Ohne Schlips und Kragen sinkt so jemand tief!
Sie sahn aus wie ganz normale Durchschnittsgangster –
und dazu kein bisschen attraktiv.

Und kein Schiff mit acht Segeln
lag drunten am Kai.
Für diese Herren
war die Party vorbei.

13 Börsianer, Weltgestalter,
ohne Wäsche, ohne Ansehn, ohne Pracht!
Einer noch verschämt im Büstenhalter –
und von allen Angestellten ausgelacht.

Alle hielten sich die Hände vor den Schniedel.
Ohne Porsche traun sie seiner Größe nicht ...
Und es stellte sich die bange Frage:
Vielleicht die Hände besser vors Gesicht?

Heute weiß man es: es war ein Virus,
der die Herrn in Frankfurt einst besprang,
und es war der Anfang nur vom Ende,
der längst fällige, gerechte Abgesang

eines viel zu lange hochgelobten Irrsinns,
einer Banken-Spekulanten-Diktatur.
Und da die Menschheit nicht mehr bei Verstand war,
half ihr ein kleiner Virus auf die Spur.

Und kein Schiff mit acht Segeln
rettete sie –
der Preis für ein Leben
ohne Poesie.

In New York, Berlin, Paris und Tokio
mussten nackte Banker kläglich friern,

und jetzt sah man erst, wie viel Idioten
unsre eigentlich so schöne Welt regiern.

Mancherorten ist die Welt schon besser,
manche Protzpaläste stürzten bereits ein,
was kein Wunder ist, es gab sie niemals wirklich,
alles war nur Glitzer, Trug und Schein.

Und damit der Wahnsinn restlos endet,
dürfen wir kein bisschen ruhn.
Helfen wir dem Virus bei der Arbeit,
es gibt in der Tat noch viel zu tun!

Zieht den Börsianern die Anzughosen aus,
Handy, Laptop und was sonst an ihnen klebt,
und dann solln sie jetzt mal sehn, wie man mit
                                      ehrlicher Arbeit
und 'nem Euro in der Stunde überlebt!

Es geht zu Ende

Es geht zu Ende. Seine großen Pläne
liegen vergilbt wie er auf Zimmer 3.
Aus stolzen Bäumen werden meistens Sägespäne.
Den Schwestern ist das ziemlich einerlei.

Sie wissen nichts von seinen Liebesdingen
und nichts von dem, was ihn durchs Leben trieb.

Zwar wollte ihm das eine oder andere gelingen,
doch nichts für immer, nichts, was wirklich blieb.

Sie drehen ihn, sie waschen ihn, sie ziehn ihn an.
Am Mittwoch darf er in den Park.
Er würde gerne in den blauen Frühling fliehn.
Er ist zu schwach. Er war noch nie sehr stark.

Ein Leben eben, eines von Milliarden,
nicht schlecht, nicht gut, mit wenig Heiterkeit.
Natürlich war da Hoffnung, doch am Ende
fraß die sein großer Feind, die Zeit.

Bei Schwester Heike wagte er es zu lächeln.
Die streichelt manchmal zärtlich sein Gesicht.
Sonst ist es still um ihn. Keine Besuche.
Auch sein betuchter Sohn besucht ihn nicht.

Der hat zu tun, Verpflichtungen, Valuten,
er hat fürs Sterben aus Prinzip noch keine Zeit.
Dem Vater reichten schon ein paar Minuten,
dann wäre er vielleicht zum Gehn bereit.

Sooft er auf die Tür starrt, sie bewegt sich
ausschließlich dienstlich, keine Freunde, nie.
Ist denn ein jeder Abgesang so glanzlos?
Er stirbt das erste Mal, er weiß nicht wie.

Wo sind sie alle, all die Saufkumpanen,
die einem ewig Kameradschaft schworen?
Wo die Geliebten, all die schönen Namen?
Über die Welt gestreut, verpufft, verloren ...

Es ist vorbei. Am schlimmsten ist, dass alles
im Nachhinein so kurz und flüchtig scheint.
Er hatte sich noch so viel vorgenommen,
so viele Tränen warn noch nicht geweint.

Ach, wie viel Zeit vertan am Tresen,
mit Sprücheklopfen, witzig sein.
Der falsche Weg. In seine Seele
ließ er nicht mal sich selbst hinein.

Jetzt würd er gern noch einmal in sich gehen
und stößt an Mauern, lässt betrübt
auch diese Hoffnung fahren und muss sehen:
Er hat den Weg zu sich noch nie geübt.

Ich würd gern sagen: Als er starb,
sah er am Ende eines Tunnels Licht.
Ob er dann endlich fand, was er nie suchte?
Zu hoffen wär's. Mehr weiß ich leider nicht.

Tropferl im Meer

Wann i nimmer weiter woaß im Durchanand
von Leb'n und Lust und Leid und Werd'n und
                                    Sterb'n,
nimm i mi auf d'Nacht selber bei der Hand,
lass mi fall'n und schaug in d' Stern.

Wia's da blinkt und blitzt und blüht am Himmelszelt,
werd mei Herz auf oamoi wieder froh.
So unendlich weit ist doch die ganze Welt,
no vui weiter als i denka ko.

Und i werd ganz kloa,
kumm ma winzig vor,
fast als gabat's mi
nimmer mehr.

Und i schenk mi her,
bin ois und neamands mehr,
nur a Tropferl
im Meer.

Jeder Augenblick ist ewig,
wenn du ihn zu nehmen weißt.
Ist ein Vers, der unaufhörlich
Leben, Welt und Dasein preist.

Alles wendet sich und endet
und verliert sich in der Zeit.
Nur der Augenblick ist immer.
Gib dich hin und sei bereit!

Wenn du stirbst, stirbt nur dein Werden.
Gönn ihm keinen Blick zurück.
In der Zeit muss alles sterben,
aber nichts im Augenblick.

Quellennachweise

Ich werde dich zum Abendessen essen
© 1975 by Polydor: LP *Ich singe, weil ich ein Lied hab –
Live im Onkel Pö*

Stur die Straße lang
© 1977 by Polydor: LP *Genug ist nicht genug,* FANFARE
MUSIKVERLAG EDITION

In diesen Nächten
© 1977 by Polydor: LP *Genug ist nicht genug,* CHRYSALIS MUSIC
HOLDINGS GMBH

*Ich liebe diese Hure
Eine ganze Menge Leben*
© 1978 by Polydor: LP *Eine ganze Menge Leben* CHRYSALIS
MUSIC HOLDINGS GMBH

*Bleib nicht liegen
Tot geboren, aber nicht verloren*
© 1978 by Polydor: LP *Eine ganze Menge Leben,* FANFARE
MUSIKVERLAG EDITION

*Kaum dass ich mir bewusst war
Kinderlied
… wenn ein Baum hier wäre
Die in Bahnhöfen das Glück suchen
Zueignung
Venedig
Rom
Für Rainer Maria
Hymne an den Frühling
Noch 'ne Erinnerung an Marie A. (für B.B.)
Für Gottfried Benn
Zwölfzeiler eines herben und erfolgreichen Künstlers auf dem
Männlichkeitstrip*

Reinheitsgebote überall
Das Wort muss eine Faust sein
Strömungen, Windungen, Tiefen
Oft in Diskotheken
Die Huren werden müde
Schreiben ist Schreien
Bis jetzt alles ganz gut gelaufen
Über die Zärtlichkeit
Was man sich merken muss
Das Stöhnen meines Mitmenschen im Klo nebenan
Deutscher Herbst
Angst vorm Fliegen
© 1978 by Ehrenwirth Verlag, München: *Ich will noch eine ganze Menge leben*

Der Baum singt
Man muss den Flüssen trauen
Liebes Leben
Und dann
Über die Dichter
Worte
Manche Worte, jahrelang
Manchen gelingt es
Brich auf, Geliebte
Beim Aufwachen zu sprechen
Warum sie geht
An den Freund
Und doch lässt etwas Kirschen blühen im April
Statistisch erwiesen
Die geduldig Wartenden
Lied/Das macht mir Mut
Keine Zeit zum Denken
Freiheit
Wer soll mich schon halten
Liebesflug
Und ging davon
Lieber Gott
Vier Sonette an einen herrenlosen Hund
Fragwürdiges. Sechs unordentliche Elegien
Elegie für Pasolini
© 1980 by Ehrenwirth Verlag, München: *Man muss den Flüssen trauen*

Und das Wasser
Die Käfer
Musst von den Pflastern
Es stürzen die Windgesichter
Komm mit zu den feuchten Wurzeln
Aus den Sümpfen
Ohne zu wissen
Der Wind malt eine Fahne ins Wasser
Bohr ein Loch in den Sand
Bist ein seltner Fisch
Nach abgestandenem Männerfleisch
Zellen
Wieder dort sein
Anfang
Ich hab geträumt
Da ist der Krebs
© 1981 by Ehrenwirth Verlag, München: *Lieder und Gedichte*

Endlich wieder unten
Manchmal weine ich sehr
© 1981 by Polydor: LP *Liebesflug*, FANFARE MUSIKVERLAG EDITION

Liedlein
© 1981 by Polydor: *Dreifach LP Live in München*, später erweitert zum Lied *Der Herr Richter*, FANFARE MUSIKVERLAG EDITION

Uns ist kein Einzelnes bestimmt. Neun Elegien
© 1981 by Ehrenwirth Verlag München: *Und die Seele nach außen kehren*

Du musst dir alles geben
Wieder eine Nacht allein
Und das soll dann alles gewesen sein
© 1982 by Polydor: LP *Das macht mir Mut*, FANFARE MUSIK-VERLAG EDITION

Das wird eine schöne Zeit
© 1982 by Polydor: LP *Das macht mir Mut*, CHRYSALIS MUSIC HOLDINGS GMBH

Vom Weinstock und den Reben
© 1982 by Polydor: LP *Das macht mir Mut*, WECKER EDITION

Zueignung
© 1982 by Polydor: LP *Wecker* (Textbeilage)

Du wolltest ein Stück Himmel
Ich möchte weiterhin verwundbar sein
Und dann
Noch lädt die Erde ein
© 1982 by Polydor: LP *Wecker*, FANFARE MUSIKVERLAG EDITION

Manche Nächte
© 1982 by Polydor: LP *Wecker*, CHRYSALIS MUSIC HOLDINGS GMBH

Die Weiße Rose
© 1983 by Polydor: LP *Filmmusiken*, CHRYSALIS MUSIC HOLDINGS GMBH

Von den zertrümmerten Wirklichkeiten
© 1983 by Ehrenwirth Verlag, München: *Im Namen des Wahnsinns*

So bleibt vieles ungeschrieben
© 1984 by Polydor: LP *Inwendig warm*, FANFARE MUSIKVERLAG EDITION

Surfen und Schifahren
Als wir beim Falkner waren
Immer wenn ich, berauscht vom Heldentum
© 1986 by Bayerisches Staatsschauspiel: *Konstantin Wecker im Residenztheater*

Jetzt eine Insel finden
Liebesdank
Lasst doch den Menschen ihr Leid
Da draußen blühen schon die Anemonen
So zwischen null und sechs Uhr früh
Schon immer hab ich auf das Schreckliche gewartet
Selbst wenn es nichts mehr gäbe

Nur keine Statements mehr
Ich fliege übers Ach-ich-kann-nicht-Meer
Gut zu fühlen, dass der Wind
Zwei starkdeutsche Gedichte
Schnell! schrat da Bub
I winsch mer a musikt
Hans Moxter wird sechzig
Immer, wenn ich in Urlaub fahre
Manchmal hat mir ein schönes Wirtshaus
Ach sicher, ein jeder gäbe sich gern
Ach, diese schöne Stunde
Hab so eine Sehnsucht, mich aufzuspüren
Die Türen verriegelt. Die Stürme verbannt
Nächtens, wenn die Sonnen schweigen
Immer ist Ort und Stunde
Fragwürdig ist das natürlich
Sizilianische Psalmen
© 1986 by Ehrenwirth Verlag, München: *Jetzt eine Insel finden*

Niemand kann die Liebe binden
© 1988 by BMG/Global: CD *ganz schön wecker*, FANFARE MUSIKVERLAG EDITION

Zigeuner ohne Sippe
© 1988 by BMG/Global: CD *ganz schön wecker*, WECKER EDITION

Ich liebe die Dicken!
Tropenträume
© 1989 by Ehrenwirth Verlag München: *Stilles Glück, trautes Heim*

Kleines Herbstlied
© 1993 by BMG/Global: CD *Uferlos*, GLOBAL MUSIKVERLAG GLOBAL MUSIK GMBH CO KG

Wenn du fort bist
Schlaflied
Stürmische Zeiten, mein Schatz
Für meinen Vater
Jetzt, da du Abschied bist
© 1994 by BMG/Global: CD *Wenn du fort bist*, CHRYSALIS MUSIC HOLDINGS GMBH

Wo ist sie hin, die schwere, süße Tiefe
© 1994 by Konstantin Wecker Quartett: Tournee 1994 / *Wenn du fort bist – Lieder von der Liebe und vom Tod*, Programmheft

Ich und Goethe
© 1994 by Konstantin Wecker, UA Konzerte Herbst 1994, zuerst erschienen 1997 in: *Leben in Liedern*, Programmbuch

Auf einmal scheinen mir viele Gesichter
© 1995 by Konstantin Wecker Quartett: Tournee 1995, Programmheft

Nach der Preisverleihung
© 1996 by Kurt-Tucholsky-Gesellschaft: Programmheft zur Verleihung des Kurt-Tucholsky-Preises für literarische Publizistik an Konstantin Wecker 1995

Von den Gärten
© 1996 by Konstantin Wecker, *Gamsig*: Programmheft zur Tournee 1996

Entsorgung
© 1996 by Konstantin Wecker: UA Konzerte Herbst 1996 (Manuskript)

Du aber geh in den Wind
Ich liebe dich nicht mehr so wild
Und manche müssen unbesehen
Zeit der Verwandlung
Du liebst und die Naturgewalten
Du liegst so voller Sehnsucht und Vertrauen
Mutter
Zwischenberichte
Von der Schwäche
Liebeslied
Eine Angelegenheit der Endorphine
Ach, es regnet
Entzündet vom Weltenbrand
Ach, so schwankend hin und her
© 1998 by Kiepenheuer & Witsch, Köln: *schmerzvoll lebendig*

Schlaflied für Valentin und Tamino
© 1999 by Hanser Verlag, München: *Es lebte ein Kind auf den Bäumen*

Novemberlied
Vaterland (2001)
© 2001 by BMG Globeart: CD *Vaterland*, FANFARE MUSIK-VERLAG EDITION

Alles das und mehr
Allein
© 2001 by BMG Globeart: CD *Vaterland*, CHRYSALIS MUSIC HOLDINGS GMBH

Variationen über ein Gedicht von Erich Fried
© 2002 by Konstantin Wecker: wecker.de, *Notizen* 5.2.2002

Was immer mir der Wind erzählt
Dem Mond entgegen
Wieder im Leben
Schlendern
© 2005 by BMG Global: CD *Am Flussufer*, CHRYSALIS MUSIC HOLDINGS GMBH

Gelebtes Leben
© 2009 by Konstantin Wecker: wecker.de, *Notizen* 13.11.2009

Jeder Augenblick ist ewig
© 2010 by Konstantin Wecker: wecker.de, *Notizen* 12.4.2010

Gefrornes Licht
© 2011 by Konstantin Wecker: bisher unveröffentlicht

Quassim heißt die schöne Blume
© 2011 by Konstantin Wecker: wecker.de, *Notizen* 22.2.2011

Wut und Zärtlichkeit
Schwanengesang
(Entzündet vom)Weltenbrand (Neufassung)
Der Virus
Es geht zu Ende
Tropferl im Meer

© 2011 by Sturm & Klang: CD *Wut und Zärtlichkeit*, CHRYSALIS MUSIC HOLDINGS GMBH

Alles muss heiliger Tanz sein
© 2011 by Konstantin Wecker: bisher unveröffentlicht

Verzeichnis der Gedichtüberschriften und -anfänge

1963 bis 1979: Eine ganze Menge Leben

Kaum dass ich mir bewusst war	13
Kinderlied	13
… wenn ein Baum hier wäre	14
Die in Bahnhöfen das Glück suchen	14
Und das Wasser	15
Die Käfer	15
Musst von den Pflastern	17
Es stürzen die Windgesichter	17
Komm mit zu den feuchten Wurzeln	18
Aus den Sümpfen	18
Ohne zu wissen	19
Der Wind	19
Bohr ein Loch in den Sand	19
Bist ein seltner Fisch	20
Nach abgestandnem Männerfleisch	20
Zellen	21

Wieder dort sein	21
Du aber geh in den Wind	22
Anfang	22
Ich hab geträumt	25
Zueignung	25
Venedig	26
Rom	27
Für Rainer Maria	29
Ich werde dich zum Abendessen essen	30
Hymne an den Frühling	31
Noch 'ne Erinnerung an Marie A.	32
Für Gottfried Benn	32
Zwölfzeiler eines herben und erfolgreichen Künstlers auf dem Männlichkeitstrip	33
Reinheitsgebote überall	34
Stur die Straße lang	34
In diesen Nächten	36
Das Wort muss eine Faust sein	37
Strömungen, Windungen, Tiefen	37
Oft in Diskotheken	38
Die Huren werden müde	39
Schreiben ist Schreien	40

Bis jetzt alles ganz gut gelaufen	41
Ich liebe diese Hure	41
Bleib nicht liegen	43
Tot geboren, aber nicht verloren	44
Eine ganze Menge leben	46
Über die Zärtlichkeit	47
Was man sich merken muss	48
Das Stöhnen meines Mitmenschen im Klo nebenan	50
Deutscher Herbst	51
Angst vorm Fliegen	52

1980 bis 1984: Ich möchte weiterhin verwundbar sein

Der Baum singt	57
Man muss den Flüssen trauen	58
Liebes Leben	59
Und dann	59
Über die Dichter	60
Worte	61
Manchen gelingt es	62
Brich auf, Geliebte	63
Beim Aufwachen zu sprechen	64

Warum sie geht	65
An den Freund	67
Und doch lässt etwas Kirschen blühen im April	67
Statistisch erwiesen	69
Die geduldig Wartenden	70
Lied / Das macht mir Mut	71
Keine Zeit zum Denken	72
Freiheit	74
Wer soll mich schon halten	75
Liebesflug	75
Und ging davon	77
Lieber Gott	78
Vier Sonette an einen herrenlosen Hund	82
Fragwürdiges. Sechs unordentliche Elegien	85
Elegie für Pasolini	99
Endlich wieder unten	106
Manchmal weine ich sehr	108
Da ist der Krebs	109
Liedlein	110
Uns ist kein Einzelnes bestimmt. Neun Elegien	112
Du musst dir alles geben	122

Wieder eine Nacht allein	123
Und das soll dann alles gewesen sein	125
Das wird eine schöne Zeit	126
Vom Weinstock und den Reben	127
Zueignung	128
Du wolltest ein Stück Himmel	128
Manche Nächte	130
Ich möchte weiterhin verwundbar sein	131
Und dann	133
Noch lädt die Erde ein	135
Die Weiße Rose	137
Von den zertrümmerten Wirklichkeiten	139
So bleibt vieles ungeschrieben	140

1985 bis 1989: Jetzt eine Insel finden

Surfen und Schifahren	145
Als wir beim Falkner waren	145
Immer wenn ich	146
Jetzt eine Insel finden	147
Liebesdank	151
Lasst doch den Menschen ihr Leid	152

Da draußen blühen schon die Anemonen	155
So zwischen null und sechs Uhr früh	156
Schon immer hab ich auf das Schreckliche gewartet	156
Selbst wenn es nichts mehr gäbe	157
Nur keine Statements mehr	157
Ich fliege übers Ach-ich-kann-nicht-Meer	158
Gut zu fühlen, dass der Wind	158
Zwei starkdeutsche Gedichte	159
Hans Moxter wird sechzig	159
Immer, wenn ich in Urlaub fahre	161
Manchmal hat mir ein schönes Wirtshaus	163
Ach sicher, ein jeder gäbe sich gern	164
Ach, diese schöne Stunde	165
Hab so eine Sehnsucht, mich aufzuspüren	165
Die Türen verriegelt. Die Stürme verbannt	166
Nächtens, wenn die Sonnen schweigen	166
Immer ist Ort und Stunde	167
Fragwürdig ist das natürlich	168
Sizilianische Psalmen	172
Niemand kann die Liebe binden	176
Zigeuner ohne Sippe	177

Ich liebe die Dicken!	180
Tropenträume	181

1990 bis 1999: Stürmische Zeiten, mein Schatz

Kleines Herbstlied	185
Wenn du fort bist	186
Schlaflied	187
Stürmische Zeiten, mein Schatz	188
Für meinen Vater	190
Jetzt, da du Abschied bist	191
Wo ist sie hin, die schwere, süße Tiefe	192
Ich und Goethe	194
Auf einmal scheinen mir viele Gesichter	196
Nach der Preisverleihung	196
Von den Gärten	197
Entsorgung	199
Ich liebe dich	202
Und manche müssen unbesehen	203
Zeit der Verwandlung	203
Du liebst und die Naturgewalten	204
Du liegst so voller Sehnsucht und Vertrauen	205

Mutter 206

Zwischenberichte 207

Von der Schwäche 208

Liebeslied 209

Eine Angelegenheit der Endorphine 210

Ach, es regnet 211

Entzündet vom Weltenbrand 212

Ach, so schwankend hin und her 213

Schlaflied für Valentin und Tamino 214

2000 bis 2012: Wut und Zärtlichkeit

Novemberlied 219

Alles das und mehr 220

Vaterland (2001) 223

Allein 225

Variationen über ein Gedicht von Erich Fried 226

Was immer mir der Wind erzählt 227

Dem Mond entgegen 230

Wieder im Leben 231

Schlendern 233

Gelebtes Leben 234

Alles muss heiliger Tanz sein	235
Gefrornes Licht	236
Quassim heißt die schöne Blume	237
Wut und Zärtlichkeit	239
Schwanengesang	241
(Entzündet vom) Weltenbrand	243
Der Virus	245
Es geht zu Ende	247
Tropferl im Meer	249
Jeder Augenblick ist ewig	250

Wolf Wondratschek im dtv

»Wondratschek erzählt unerhörte Begebenheiten und
wunderliche Schicksale mit seltener Prägnanz,
lakonisch und lebendig.«
Gert Mattenklott

Die große Beleidigung
Vier Erzählungen
ISBN 978-3-423-13059-2

Mozarts Friseur
ISBN 978-3-423-13186-5

**Die Einsamkeit der Männer
Carmen
oder Bin ich das Arschloch
der achtziger Jahre**
Gedichte
ISBN 978-3-423-13332-6

Im Dickicht der Fäuste
ISBN 978-3-423-13362-3

Mara
Eine Erzählung
ISBN 978-3-423-13407-1

Einer von der Straße
Roman
ISBN 978-3-423-13426-2

Tabori in Fuschl
Gedichte
ISBN 978-3-423-13458-3

Kelly-Briefe
ISBN 978-3-423-13480-4

**Früher begann der Tag mit
einer Schußwunde
Ein Bauer zeugt mit einer
Bäuerin einen Bauernjungen,
der unbedingt Knecht werden
will**
ISBN 978-3-423-13527-6

Die weißen Jahre
Reportagen und Stories
ISBN 978-3-423-13541-2

Chuck's Zimmer
Gedichte-Lieder
ISBN 978-3-423-13576-4

Saint Tropez
und andere Erzählungen
ISBN 978-3-423-13647-1

Lied von der Liebe
ISBN 978-3-423-13664-8

Bitte besuchen Sie uns im Internet: www.dtv.de

Ernst Augustin im dtv

»Seine Romane sind keine Parabeln,
sondern intellektueller Extremtourismus.«
Jan Bürger in ›Die Zeit‹

Die Schule der Nackten
Roman
ISBN 978-3-423-13344-9
Ein Jahrhundertsommer in München. Im FKK-Gelände eines Freibades erfüllt sich das Geschick eines älteren Herrn, dessen erstes zaghaftes Betreten der weißen Flecke einer Stadtlandschaft in einem erbitterten Existenzkampf und einem aufregenden Beziehungsdrama mündet…

Mahmud der Bastard
Roman
ISBN 978-3-423-13590-0
Afghanistan im Jahr 1000. Mahmud, illegitimer Sohn eines Dorffürsten, zieht mit einer Handvoll Männer über den Khyber-Pass, um ein großes Reich zu zerstören und neu zu errichten.

Eastend
Roman
ISBN 978-3-423-13653-2
Der Schriftsteller Almund lässt sich von seiner Frau dazu überreden, mit ihr »in die Gruppe« zu gehen, nicht ahnend, dass solche Gruppenerfahrungen bisweilen Ausmaße griechischer Tragödien annehmen…

Raumlicht: Der Fall der Evelyne B.
Roman
ISBN 978-3-423-13741-6
»Ich werde immerfort angeleuchtet, kann man das nicht sehen, ganz deutlich mit Raumlicht.« Evelyne B., eine an Schizophrenie leidende Patientin, weckt in ihrem jungen Arzt eine Faszination für diese Krankheit. Eine Reise ins Innere der Seele.

Bitte besuchen Sie uns im Internet: www.dtv.de

Ernst Augustin im dtv

»Ernst Augustin entwöhnt uns angenehm
des Alltags.«
Frankfurter Rundschau

Der amerikanische Traum
Roman
ISBN 978-3-423-13802-4

Privatermittler Steen wird zum Rächer eines kleinen Jungen. Dieser liegt auf einer mecklenburgischen Chaussee im Sterben, getroffen von den Schüssen eines gelangweilten amerikanischen Bomberpiloten am Ende des Zweiten Weltkriegs...

Badehaus Zwei
Roman
ISBN 978-3-423-13864-2

Als fantasievolles Gaunerstück erzählt Augustin in drei Varianten die Geschichte vom verlorenen Sohn.

Schönes Abendland
Roman
ISBN 978-3-423-13973-1

Ein ausgekochter Händler, ein sich bis in den Offiziersrang hochbuckelnder Soldat und ein autodidaktischer Chirurg: Jeder von Mamas Drillingen hat eine so skurrile wie erfolgreiche Biographie vorzuweisen, die den Leser quer durch die abendländische Kultur- und Sittengeschichte führt.
»Ein so frech wie stilistisch perfekt konstruiertes Märchen.« (NZZ)

Der Künzler am Werk
Eine Menagerie
ISBN 978-3-423-14092-8

Die SZ hätte dieser Sammlung von Kurztexten gern die Auszeichnung »bestgelauntes Buch des Jahres« verliehen. Dabei ist Augustins »poetischer Journalismus« mehr als nur unterhaltsam: Ganz beiläufig erfährt man Essenzielles über Angela Merkels Gesicht, den Kursverfall des Dollar und die Herstellung von Falschgeld.

Bitte besuchen Sie uns im Internet: www.dtv.de